CORDULA NUSSBAUM

KOPF VOLL, HIRN LEER

Konzentriert und leistungsfähig bleiben trotz permanenter Reizüberflutung

Inhalt

Tipp: Hole dir dein Gratis-Workbook mit wertvollen Übungen online unter https://kreative-chaoten.com/kopf-voll-hirn-leer/ und setze die Impulse aus diesem Buch gleich um.

Liebe Leserin, lieber Leser,

ich wünsche dir …
einen Kopf voller Ideen,
ein waches Hirn,
einen klaren Geist,
ein warmes Herz.

Ich wünsche dir …
Momente der inneren Stille,
Augenblicke der Konzentration,
Atemzüge der Entspannung,
Stunden der Gelassenheit.

Ich wünsche dir …
ruhigen Genuss,
gespannte Begeisterung,
lebhaftes Prickeln,
erfrischende Zeiten.

Möge dieses Buch deinen Kopf so frei
und dein Hirn so kraftvoll machen,
wie du es dir wünschst!

Cordula Nussbaum

Warm-up

Wann hast du das letzte Mal etwas im Chaos deines Alltags komplett vergessen? Die Kunden-Mail an die Kollegin weiterzuleiten? Das Paket auf dem Heimweg in die Packstation zu legen? Vielleicht hast du dir mit der Hand an die Stirn geschlagen und gesagt: »Ich Idiot, das habe ich total vergessen!«

Auch wenn du nicht so abfällig mit dir reden solltest – neurobiologisch warst du mit dieser Geste ganz richtig. Denn im Stirnhirn (präfrontaler Cortex) sitzen einige Schaltzentralen, über die wir mit unserer Umwelt in Verbindung stehen, und mit ihnen versuchen wir, im Alltagsstress alle Bälle in der Luft zu halten. In der drei Millimeter dicken Schicht unserer Hirnrinde (Cortex) geht das Drama bereits los, warum wir den Kopf häufig so voll haben, uns ausgelaugt und erschöpft fühlen und einfach nicht mehr abschalten können. Unter unserer Kopfhaut stellen Neuronen, also Nervenzellen, die ersten Weichen dafür, ob wir gelassen durch die Welt gehen und unser Arbeitspensum locker handhaben oder ob uns Infoflut und Zeitfragmentierung (also die Zerstückelung unserer Zeit) zermürben und unser Hirn abschaltet.

Als ich Kunden, Kollegen und Bekannten von meiner Arbeit an »Kopf voll, Hirn leer« erzählte, riefen viele spontan: »*Dieses* Buch brauche ich unbedingt!«, und erzählten mir ihre persönlichen »Kopf voll, Hirn leer!«-Erlebnisse. Da berichtete die 32-jährige Daniela von einem Mittwochmorgen, als sie beide Kinder ins Auto verfrachtete, den Laptop unter den einen Arm geklemmt, Windeltasche und Kita-Beutel unter den anderen, im Kopf nochmals die Präsentation für 9.15 Uhr durchgehend – und feststellte: Der Schlüsselbund liegt im Haus! Ausgesperrt! »Und so was passiert mir ständig!«

Da schilderte der 46-jährige Thomas, er hetze durch die Tage, ein Ohr ständig am Handy, das andere offen für Mitarbeiter, seine Frau, seine Kinder. Eingehende Nachrichten scanne er nur oberflächlich, an Meetinginhalte könne er sich nicht mehr erinnern, kaum dass er aus dem (virtuellen) Meetingraum sei. »Meine Frau wirft mir ständig vor, dass ich zwar körperlich anwesend bin, aber nie wirklich da. Ich frage mich manchmal, wo ich bin, wenn ich nicht bei mir bin.«

Dein Leben: zwischen »Brainfog« und »Zeitkonfetti«?

Wie oft passiert es auch dir, dass du den Kopf so voller Aufgaben, Verpflichtungen, Sorgen, Entscheidungen und Kleinkram hast, dass letztlich das Wichtige hinten runterfällt? Wie oft fühlst du dich getrieben vom nicht abreißenden Strom der »Must-dos« und der Zerstückelung deines Alltags in lauter kleine Zeitschnipsel, in unbrauchbares »Zeitkonfetti«? Wie stark zerfasern deine digitalen Gadgets deine Aufmerksamkeit, fressen E-Mail-Flut und Chatnachrichten deine Zeit?

Viele Menschen jonglieren mit allen Anforderungen im privaten und beruflichen Alltag und fühlen sich bereits komplett erschöpft allein beim Anblick ihrer Kalendereinträge. Sie erledigen Vieles nur noch schnell und oberflächlich – Hauptsache es ist fürs Erste abgehakt. Das bringt gelegentlich einen kurzen Erfolg, der sie auf Touren hält, aber dann sind sie umso mehr erschöpft von dem, was sie nicht erledigt bekommen.

Viele Menschen berichten mir, sie würden sich Bücher kaufen, die dann ungelesen auf dem Wohnzimmertisch liegen, weil sie immer »noch eben mal schnell« was in den sozialen Medien lesen oder weil sie nicht über die ersten Seiten hinauskommen. »Ich ertappe mich dabei, wie ich eine Seite eines neuen Romans wieder und wieder lese, nichts davon aufnehme, weil meine Gedanken ständig springen«, berichtet ein 36-jähriger Bauzeichner. Andere beschreiben ein undefinierbares Gefühl der Betäubung, des Nebels im Kopf, aber sie würden es einfach nicht schaffen, diesen Nebel zu lichten.

Als »Brainfog« – Gehirnnebel – bezeichnen Fachleute es, wenn klares Denken schwerfällt, wir uns nicht konzentrieren können, die einfachsten Sachen vergessen, unsere Gedanken ständig abschweifen, wir uns wie betäubt und in Watte gepackt fühlen und der Blick aufs Wesentliche »vernebelt« ist. Das Gefühl kennst du vielleicht, wenn du nach einer harten Party am nächsten Morgen einen schmerzhaften Hangover hast – nur dass Brainfog völlig ohne stoffliche Drogen entsteht.

Brainfog und Erschöpfung greifen um sich.

Brainfog, das Gefühl, nicht ganz wach und aufmerksam zu sein, nicht konzentriert und fokussiert zu sein, ist keine Krankheit, sondern eine häufige Folge von Stress und Angstzuständen, manchmal von falscher Ernährung, zu wenig Bewegung und sehr häufig die Folge von Reizüberflutung und Aufgaben-Hopping. Es ist ein Warnsignal unseres Gehirns, dass irgendetwas in unserem Leben und in unserem Körper aus dem Gleichgewicht geraten ist und wir uns dringend darum kümmern sollten.

Wie du dein Gehirn mit guter Ernährung, Entspannung und Bewegung (wieder) auf »aufmerksam« polen kannst, das schauen wir uns später genauer an. Doch nur auf der körperlichen Ebene unser Gehirn zu stärken wird dein »Kopf voll, Hirn leer«-Problem nicht dauerhaft lösen. Viel besser ist es, wenn du von Grund auf deinen Alltag überprüfst, und dann die Maßnahmen ergreifst, die in deinem Leben eine echte Verbesserung bringen. Dabei kannst du auf Jahrhunderte an Erfahrung zurückgreifen, denn unsere Probleme haben eine lange Vorgeschichte.

Bereits im Mittelalter klagten Mönche offenbar über Aufmerksamkeitsprobleme und geistige Erschöpfung[1]. Schon

1893 schrieb der Nervenarzt Wilhelm Erb: »Alles geht in Hast und Aufregung vor sich, die Nacht wird zum Reisen, der Tag für die Geschäfte benützt; selbst die Erholungsreisen werden zu Strapazen für das Nervensystem.«[2] Zu Beginn des 20. Jahrhunderts hatte »Neurasthenie« (chronisches Erschöpfungssyndrom) Mitteleuropa im Griff und Menschen wie Franz Kafka reisten an den Gardasee, um sich heilen zu lassen.[3]

Heute nennen wir es Hurry Sickness oder Burn-out, und technisch betrachtet gibt es kaum ein Entrinnen: Selbst Regionen, die kein Kabel und wenig Funkmasten haben und in den letzten Jahren als »netzfreie Zone« clever zu »Digital Detox-Kuren« einluden, sind heute dank Elon Musks Satelliten-Internet Starlink rund um die Uhr online angebunden.

Das englische Wort »wired« bedeutet »online« sein, aber auch, dass man sich in einem manischen, überdrehten Zustand befindet. Wie treffend, oder? Wischen, Scrollen und Tippen ist die neue Dauerbeschäftigung, selbst beim Essen und im Bett. Wir sind psychisch nur noch selten an dem Ort, an dem wir uns physisch gerade befinden.

Tempo, Taktung und Erreichbarkeit haben in unserer Hochleistungsgesellschaft angezogen. Immer schneller sind Aufgaben zu erledigen, immer enger werden Zeitpläne, immer kürzer können wir fokussiert bei einer Aufgabe bleiben. Dank digitaler Arbeitsmöglichkeiten sind wir örtlich und zeitlich flexibel, doch die Entgrenzung fordert ihren Preis: Unternehmen die Work-Life-Blending fördern, also eine entgrenzte Vermischung von Privatleben und Job, gelten zwar als familienfreundliche Arbeitgeber. Doch wer damit in die Pflicht genommen werden kann (oder sich selbst in die Pflicht nimmt), wiederholt nachts um vier Uhr an einem wichtigen Call mit Tokio teilzunehmen, der spürt die negativen Folgen der Digitalisierung sehr schnell.

Bist du »wired« oder noch gelassen?

So fein Onlinemeetings auch sind (weniger Umweltbelastung durch Verkehr, mehr Gemütlichkeit im Schlabberlook unter der Schreibtischkante), so negativ wirken sie sich auf unsere Taktung aus! Musstest du früher zumindest noch den Meetingraum wechseln und hattest dadurch ein paar Minuten »Luft« und Bewegung, so ist heute bei vielen Berufstätigen der nächste Termin nur einen Mausklick entfernt. Auf der Strecke bleiben Pausen, Beine-Vertreten, Durchatmen – und auch das Reflektieren und Verarbeiten der bisherigen Informationen.

Parallel zu nutzende Kommunikationskanäle wie Chatprogramme, E-Mail und soziale Medien erzeugen den Sog der permanenten Erreichbarkeit und zerstückeln (fragmentieren) unsere Zeit. Wir switchen im Höchsttempo von einer Anfrage zur nächsten oder versuchen, im Multitasking-Modus allen gleichzeitig gerecht zu werden. Mit fatalen Folgen! Seit 15 Jahren klettert der Krankenstand in Deutschland kontinuierlich an. Im Jahr 2023 hatten wir mit 6,5 Prozent den höchsten Krankenstand seit Beginn der statistischen Erfassung vor 32 Jahren.[4]

Doch viele Menschen machen trotz heftigster Stresssymptome weiter. Sie leben ein »Burn-on«. Sie peitschen sich immer wieder selbst an: »Mach weiter! Mach weiter! Mach weiter!« Langfristig tun sie sich allerdings mit ihrem Einsatzwillen keinen Gefallen. Denn wir wissen inzwischen nicht nur aus sämtlichen medizinischen Bereichen, wie negativ sich Stress auf unsere körperliche und mentale Gesundheit auswirkt. Auch die neuesten Forschungen der Neurowissenschaft belegen immer deutlicher, dass Dauerstress, Multitasking und Fragmentierung verheerende Schäden in unserem Gehirn anrichten: von Kopfweh über Brainfog, zu Aufmerksamkeitsstörung, Depression bis hin zur Demenz.

Wie gut, dass angesichts der mentalen Belastungen mittlerweile auch Arbeitgeber ihre Mitarbeitenden unterstützen und unter Schlagworten wie Resilienz, Mental Health (mentale Gesundheit) und Selbstfürsorge entsprechende Workshops anbieten.

Mach dir dein Leben leichter mit Neuro-Wow-Wissenschaft

Gerade in den Disziplinen der Neurowissenschaften haben Forscher:innen rund um den Globus in den letzten Jahren Verblüffendes herausgefunden, was in unserem Gehirn beim Denken, Schlafen oder beim Sex abläuft. Sie versuchen, mithilfe bildgebender Verfahren (Neuro-Imaging) sichtbar zu machen, wie Neuronen dafür sorgen, dass wir sehen, hören, schmecken, riechen und fühlen können. Sie verfolgen die Spuren unserer Sinneswahrnehmungen durch unser Nervensystem, erforschen, wann und was wir wahrnehmen, erkunden die Abläufe in unserem Belohnungssystem bis hin zu unseren Handlungen und entdecken dabei ständig neue Zusammenhänge.

Viele bisher »unumstößliche« Wahrheiten über unser Gehirn können wir nach dem heutigen Stand der Forschung ad acta legen. So gilt es heute als Mythos, dass wir eine linke »logische« Hälfte und eine rechte »kreative« Gehirnhälfte haben. In beiden Gehirnhälften sind die meisten Gehirnregionen paarig und spiegelgleich angelegt, und steuern unseren Körper über Kreuz: Die rechte Körperseite wird bei den meisten Menschen von der linken Gehirnhälfte koordiniert, die linke Körperseite von der rechten. Wir haben unter anderem zwei Mandelkerne (Amygdala), zwei Thalami, zwei Hippocampi. Nur kleine Areale der Sprachverarbeitung finden sich jeweils nur auf einer Gehirnhälfte.

Mythencheck: Viele »Wahrheiten« gelten heute nicht mehr!

Aktuelle Erkenntnisse für dich und dein Gehirn

In diesem Buch tauchen wir im Sinne der Neuropsychologie in das ein, was unser Erleben, Denken und Verhalten verbindet und leiten Strategien ab, die dir helfen, deinen Kopf freizubekommen und dein Gehirn kraftvoll zu nutzen. Freue dich dabei auf taufrisch überprüfte Impulse und auf deren neurowissenschaftliche Grundlagen. Seit rund 20 Jahren beschäftige ich mich als Wirtschaftspsychologin und Coach sowie als Buchautorin, Bloggerin und Podcasterin damit, welche Facetten unserer Persönlichkeit für unseren Erfolg oder unseren Misserfolg verantwortlich sind. Sei es, um ein optimales, individuelles Zeitmanagement zu entwickeln oder um den eigenen Weg zu einem glücklichen und erfüllten Leben zu gehen. Immer tiefer tauchte ich dabei in die Erkenntnisse der Neurowissenschaften ein und versuchte, die komplexen Vorgänge zwischen Amygdala und Zirbeldrüse für unseren persönlichen Erfolg anschaulich und verständlich zu »übersetzen«.

In den letzten Jahren verbrachte ich mehrere tausend Stunden damit, die neuesten Erkenntnisse aus der Gehirnforschung zu erkunden und auf ihre Praxistauglichkeit zu überprüfen. Ich arbeitete mich durch hunderte neue Bücher, Studien und Fachaufsätze und absolvierte intensive Weiterbildungen wie »Grundlagen der Neurobiologie« bei Professor Gerhard Roth (»Psychoneurowissenschaften«) oder die zweijährige Weiterbildung »Master of cognitive neuroscience (aon)« mit Vorlesungen und Masterarbeit bei anerkannten Professoren deutscher Lehrstühle wie Tobias Esch (»Die Neurobiologie des Glücks«), John-Dylan Haynes (»Fenster ins Gehirn«) oder Thomas Münte. Herzlichen Dank an dieser Stelle an aon/AFNB-Geschäftsführer Torsten Seelbach, der »Kopf voll, Hirn leer!« neuro-fachlich gecheckt hat.

Was mich persönlich erstaunt hat: Je tiefer ich in den Aufbau und in die Aufgaben unserer Denkzellen eingetaucht bin, desto mehr habe ich gesehen, dass trotz bildgebender Verfahren und aufwändiger Studiendesigns die Forscher nach wie vor keine absolute »Wahrheit« finden, sondern sie sprechen selbst von Annahmen, Konstrukten und Theorien.

Zum Beispiel schauen wir uns später an, wie unsere bewusste und unsere unbewusste Wahrnehmung unseren Kopf füllt. Ich fragte mich, was im Oberstübchen dazu führt, dass etwas, was wir hören, sehen, schmecken, fühlen oder riechen die Schwelle von unbewusst (subliminal) zu bewusst (supraliminal) übersteigt – und erhielt darauf unterschiedliche Antworten. Manche Neurowissenschaftler meinen, dass ein Reiz unbewusst bleibt, wenn unsere Gehirnzellen nur *schwach* aktiviert werden, während ein bestimmtes Erregungsniveau für Bewusstwerdung sorgt (Aktivitätslevel-Theorie). Andere meinen, wenn mehrere im Hirn verteilte Regionen verstärkt interagieren und ihre Neuronen synchron feuern, dann würde auch Bewusstsein herrschen. Dritte nehmen als Kriterium, was wir auf Nachfrage berichten könnten oder auf was wir reagieren würden, hätten wir auch bewusst wahrgenommen – sonst könnten wir ja nicht darüber reden oder entsprechend der Wahrnehmung handeln.[5] Und wenn du einen Neurophilosophen fragst, dann ist der wiederum überzeugt, dass niemand allein anhand der Hirnaktivität aufzeigen kann, ob wir einen Reiz bewusst wahrnehmen oder nicht und stellt gleich das ganze Thema »Bewusstsein« in Frage.[6]

Es gilt offenbar das Zitat von Albert Einstein: »Je mehr ich weiß, desto mehr weiß ich, dass ich nichts weiß!« Je detaillierter Wissenschaftler in unseren Körper eintauchen, desto mehr sehen wir, dass es noch sehr viel zu entdecken gibt. Ein Ende der Reise in die neuronale Wunderwelt ist definitiv nicht in Sicht und wir werden noch viele spannende Entdeckungen feiern können. Was wir *aktuell* wissen, das möchte ich dir so einfach und pragmatisch wie möglich zugänglich machen, damit du (wieder) die Hoheit über deinen Kopf übernehmen und selbstbestimmt ein erfülltes, gelassenes und glückliches Leben führen kannst.

Neurowissen: deine ultimative Schlüsselkompetenz

Unser Gehirn ist unsere Schaltzentrale und bestimmt *alles*, was wir tun, und auch das, was wir unterlassen. Ich bin fest davon überzeugt, je besser wir verstehen, wie wir »ticken«, desto aktiver können wir unser Leben nach unseren eigenen Vorstellungen gestalten, statt passiv das hinzunehmen, was uns geschieht.

Lass uns also den Vorhang lüften, was in deinem Gehirn passiert und wie du die neurologischen Prozesse zu deinem Vorteil nutzen kannst. Packe dir ein wenig Theorie drauf – die Lesezeit wird sich zigfach für dich auszahlen. Wenn du die Grundprinzipien der mentalen Abläufe verstanden hast, wenn du einen klaren Blick auf deine inneren Prozesse hast und damit »mindsight«[7] auf dein Mindset, dann kannst du den Autopiloten abstellen und selbstbestimmt dein Leben gestalten.

Das erlebe ich täglich in der Arbeit mit meinen Coaching-Klienten: Sobald sie vom Kopf her verstanden haben, was sie mental »triggert«, können sie plötzlich sehr viel leichter eine gewünschte Haltung oder Gewohnheit verstärken oder ablegen.

Du erwirbst hier wertvolle Schlüsselkompetenzen (Soft Skills, Future Skills), die dich in deinem beruflichen und auch im privaten Leben enorm voranbringen können – unabhängig von konkreten Themen oder Situationen. Mein Ziel ist es, dass du deine Gehirnpsychologie besser verstehst, damit du ab sofort *bewusst* darüber entscheiden kannst, wie du deine Mindpower einsetzen willst, aus welchen (hinderlichen) Mustern und Glaubenssätzen du aussteigen willst und wie du machtvoll deine Gewohnheiten ändern kannst.

»Hurra, mein Kopf ist voll!«

Bevor wir tiefer einsteigen, noch eine gute Botschaft: Wenn uns das Gefühl drückt, den Kopf viel zu voll zu haben, so ist das per se gar keine schlechte Nachricht. Denn im Oberstübchen speichern wir vieles ab, was uns das Leben erleichtert (Gewohnheiten), was uns innerlich wachsen und reifen lässt (Erfahrungen), was uns freut oder ängstigt (Emotionen) und natürlich das, was wir im Laufe unseres Lebens gelernt haben (Wissen, Fertigkeiten). Den Kopf von all diesen Dingen zu befreien kann also nicht unser Ziel sein. Es reicht völlig, wenn wir uns gelassen diejenigen Areale vornehmen, die »zu voll« sind und die uns Stress verursachen, den Schlaf rauben, uns erschöpfen, uns Kraft kosten.

Deshalb sprechen wir auch nicht im wahrsten Sinne des Wortes von »Hirn leer«. Denn solange du lebst und nicht hirntot bist, werden Wissen, Emotionen, Erfahrungen und vieles mehr unter deiner Schädeldecke pulsieren. Warum wir dennoch Momente des Blackouts erleben oder das Gefühl haben, hirnfrei zu agieren, das schauen wir uns später genauer an. Auch hier die gute Botschaft vorab: Wenn du »hirnfreie« Momente erlebst, dann ist nur ein Teil deines Gehirns außer Gefecht gesetzt – und auch das können wir mit sinnvollen Strategien beeinflussen.

Halten wir an dieser Stelle also fest, dass »Kopf voll! Hirn leer!« keine neurowissenschaftliche Aussage ist, sondern eine Metapher für das Chaos im Kopf, das wir in unserer schnellen, digitalisierten, fragmentierten, dynamischen (Arbeits-)Welt jeden Tag erleben. Wir verwenden die Begriffe »Kopf voll!« und »Hirn leer!« als Sinnbilder unserer Befindlichkeit und unseres Gefühls, die sich in mehreren Regionen unseres Gehirns abspielen, und nicht in ihrer biologisch korrekten Bedeutung.

Lebe dein Potenzial: Nutze sofort umsetzbare Brainhacks

Brechen wir auf zu einer Reise in die wundervolle Welt zwischen unseren Ohren und zu den wirksamsten Strategien, um deinen Kopf freizubekommen, dein Gehirn fokussiert nutzen zu können und endlich (wieder) dein Leben zu genießen. »Kopf voll, Hirn leer« wird dich unterstützen, bewusster zu handeln, dich stärker auf das Wesentliche zu konzentrieren, produktiver zu sein und gleichzeitig auch unter Druck gelassener zu bleiben.

Der rote Faden: von den Sinneseindrücken zum Tun

Dabei folgen wir dem Weg durch dein Gehirn, den alle Informationen aus dem Außen und Innen nehmen von den Sinnesorganen ins Ultrakurzzeitgedächtnis. Wir klären, warum Dopamin und dein Belohnungssystem deinen Kopf schneller füllen, als dir manchmal lieb sein mag. Dann schauen wir uns an, wie Stress dein Hirn ausknipst – und was du dagegen tun kannst. Auch dein Bild von der Welt, deine Wahrnehmungen und Überzeugungen rücken wir ins Scheinwerferlicht, und zum Schluss schaffen wir die besten Grundlagen, damit du ab sofort fokussiert und kraftvoll durchs Leben gehen kannst.

Sofort umsetzbare Mikrogewohnheiten

Du wirst mit sofort umsetzbaren Brainhacks nach jedem Kapitel neue Mikrogewohnheiten in deinem Alltag etablieren können. Das sind kleine Veränderungen, die dir helfen – im einzelnen Moment, aber auch ganz grundsätzlich im eigenen Leben –, gelassener mit der eigenen Zeit und den eigenen Ressourcen umzugehen und stärker selbstbestimmt zu agieren. Neue, positive Gewohnheiten verschaffen deinem Kopf echte Pausen, machen dein Hirn zur kraftvollen Schaltzentrale und ganz nebenbei können die Strategien sogar dazu beitragen, dass du ein besserer Partner, eine bessere Partnerin, eine bessere Mutter, ein besserer Vater, eine bessere Kolleg:in, eine bessere Führungskraft wirst. Denn: Je mehr du kraftvoll in dir ruhst, desto besser läuft das Miteinander mit anderen Menschen.

Hole dir dein Gratis-Workbook online

Unter https://kreative-chaoten.com/kopf-voll-hirn-leer/ findest du einen geschützten Bonusbereich, in dem du in einige Themen tiefer eintauchen kannst (Deep-Dives) sowie ein Workbook zum Download mit Platz für deine Notizen. Lade es dir herunter, du kannst damit den Erfolg für dein Kopf-Frei-Training enorm erhöhen. Das Passwort zum geschützten Deep-Dive-Bereich lautet »hirn&herz«.

Viel Spaß beim Lesen und Umsetzen wünscht dir
Cordula Nussbaum

Stopp die Reizflut!

Rund um die Uhr treffen Sinnesreize in unserem Gehirn ein und verbinden uns mit der Welt. Doch auf Dauer schadet die schiere Masse an Reizen unserem Gehirn und unserer Gesundheit. Bist du bereit, dem ein Ende zu setzen und – wieder – einen gesunden Umgang mit der Reizüberflutung zu finden?

Laut, dicht, voll – warum wir so schnell gereizt reagieren

Die reizvolle Landschaft. Die Tätigkeit, die uns reizt. Der poetische Reiz einer Novelle. Die liebreizende Prinzessin. Das Anreizprogramm für treue Kunden. Der Reiz des Neuen. Einer Sache keinen Reiz abgewinnen können. Wir reagieren gereizt. Wir leiden am Reizdarm-Syndrom. Der Geruch reizt unsere Schleimhäute. Wir essen reizfreie Schonkost. Die reizlose Schauspielerin. Die Reizüberflutung zermürbt uns.

Die deutsche Sprache ist voll von Redewendungen über all die inneren und äußeren Reize, die aus unserem eigenen Körper oder der Umwelt kommen. Reize von innen informieren uns über Schmerzen, Kälte- oder Hitzeempfindungen, über Stellung oder Bewegungen unseres Körpers, über Hunger oder Harndrang. Von außen treffen Reize auf die Rezeptoren unserer Sinnesorgane Augen, Ohren, Zunge, Nase und Haut, dank derer wir sehen, hören, schmecken, riechen und fühlen können.

Im Kern sind Reize etwas Wunderbares: Sie regen unsere Kreativität und Lebensfreude an. Sie weisen uns auf besonders bemerkenswerte Dinge oder Empfindungen hin. Sie stimulieren unsere Neugier und unsere Motivation. Sie erfrischen unseren Geist. Sie lassen uns das Wasser im Mund zusammenlaufen. Sie machen uns verliebt. Sie beschützen uns vor lebensgefährlichen Tieren, einem Unwetter, verdorbener Nahrung oder anderen Gefahren. Ohne Reize wäre ein menschliches Leben fade und nicht lebbar.

Aber: Auf uns stürmen heute so viele Reize ein wie nie zuvor. Die Reizspirale dreht sich immer schneller, immer weiter nach oben. Wusstest du, dass die Weltgesundheitsorganisation (WHO) jedes atmosphärische Geräusch ab 65 Dezibel als Lärmbelastung einstuft? Das entspricht einem normalen Gespräch oder einem Fernseher in Zimmerlautstärke. Da kannst du dir vorstellen, was ständig auf deine Sinne einprasselt, wenn du im Großraumbüro sitzt (75 Dezibel), an einer Hauptstraße wohnst oder arbeitest (85 Dezibel) oder mit dem Kopfhörer Musik hörst (95 Dezibel). Selbst wenn du nur eine neue Hose kaufen willst, dann strömt im Geschäft Dudelmusik aus den Lautsprechern auf dich ein, spezielle Duftmischungen vernebeln dein Riechorgan und knallige Rabattplakate buhlen darum, dass dein Blick auf sie fällt. Hast du dann noch an deinem Laptop oder deinem Smartphone die Pushbenachrichtigungen per Vibration, Bildschirmflackern und hellem »Ping« aktiviert, dann werden gleich drei Sinneskanäle bei einer neuen Nachricht gereizt.

Infoflut buhlt um Aufmerksamkeit

Neben den visuell, akustisch und olfaktorisch immer stärker werdenden Reizen, nimmt seit Jahrzehnten auch die Menge an *inhaltlichen* Reizen zu, die täglich auf uns einprasseln. Dank Digitalisierung und Globalisierung können wir 24/7 News inhalieren oder miteinander kommunizieren. Ein Phänomen, das sich unsere Urgroßeltern nicht in ihren kühnsten Träumen hätten ausmalen können. Heute kannst du ständig irgendwo etwas beantworten, liken, kommentieren, klicken, anhören, lesen, anschauen, und der Zufluss an neuen Impulsen und Reizen reißt nicht ab.

Stundenlang erliegen wir dem Ansturm der Reize, konsumieren und kommunizieren.

Seit am 23. April 2005 zum ersten Mal ein Video auf YouTube hochgeladen wurde, werden heute 720 000 Stunden (!)[8] pro Tag an neuem Content hochgeladen, der gesehen werden will!

Und die Reize schaffen es, dass wir ihnen erliegen: 5 Stunden und 22 Minuten klicken wir uns täglich durch die Weiten des Internets, wobei nur 83 Minuten auf das inhaltlich genutzte Internet entfallen, der Rest ist Streaming, Gaming, Surfen. Knapp 4 Stunden am Tag saugen wir News, Musik, Unterhaltung und Werbung aus dem guten alten TV-Gerät. 91 Minuten lang holen wir uns die Dröhnung aus dem Radio.[9]

Rund 90 Minuten am Tag sind wir fleißig lesend und schreibend in den sozialen Medien unterwegs.[10] Im Schnitt rauschen uns derzeit täglich 80 Mails in die Inbox, Tendenz steigend.[11] Manche meiner Kunden erhalten um die 300 Mails pro Tag, weil sie bei vielen Projekten in »cc« liegen, und das E-Mail-Pingpong das Volumen aufbläht. Auch die Einführung von Chatprogrammen wie Slack oder MS-Teams konnte in vielen Unternehmen dieser Infoflut keine Zügel anlegen. Im Gegenteil: Statt in einem Kanal alle Unterhaltungen zu bündeln, müssen Berufstätige jetzt mindestens zwei Kanäle im Blick behalten und dort aktiv sein.

Dann kommen vielleicht auf deinem Smartphone noch dutzende Pushnachrichten aus deinen Shopping-, Trading- oder Gaming-Apps dazu, die in dein Gehirn reinwollen. Allein die Push-Benachrichtigungsplattform Accengage versendete in einem Jahr 38 Milliarden (!) Pushbenachrichtigungen im Auftrag ihrer Kunden an 750 Millionen Endkunden – rein rechnerisch kamen pro App-User 50 Pushnachrichten am Tag an und zogen die Aufmerksamkeit auf ein neues Kaufangebot, den heißen Aktientipp oder die ultimative Rabattaktion. 23 Prozent der deutschen Empfänger klickten dann sogar, um mehr über die Angebote zu erfahren.[12] Das sind Traumquoten für die Werbetreibenden, für unser Gehirn jedoch miserable Voraussetzungen, um fokussiert und konzentriert zu sein.

Nicht das Werkzeug ist das Problem, sondern unser Umgang damit!

Dabei geht es gar nicht darum, die digitale Welt zu verteufeln! Nein, ich finde es fantastisch, wie eng wir rund um den Globus mit unseren Freunden in Kontakt sein können, wie flexibel wir räumlich und zeitlich arbeiten können, wie einfach wir an Informationen kommen und wie schnell wir Waren bestellen oder Reisen buchen können. Internet und Smartphones sind eine immense Verbesserung unserer Lebensqualität – wenn wir die Herrschaft über die Contentflut behalten und uns nicht von unseren Gadgets versklaven lassen.

Apple-Gründer Steve Jobs hatte eine Vision: Apple-Produkte sollten helfen, die Lebensqualität der Menschen zu verbessern und die Menschheit voranbringen. Tja, im gewissen Sinne hat er seine Vision erfüllt – wenn da nicht wir als Nutzer wären, die nie richtig gelernt haben mit all den feinen Gadgets umzugehen. Nicht das Werkzeug ist das Problem, sondern derjenige, der es nutzt.

Reizüberflutung: gezielte Manipulation des Gehirns

Bevor du dich jetzt aber selbst beschimpfst, warum du nicht einfach mal offline gehst, den Fernseher aus und das Handy zu Hause lässt – sei geduldig mit dir! Denn deine »Treue« hat handfeste neurologische Gründe, und dieser Mechanismus hat deinen Vorfahren das Überleben gesichert! Das Rascheln im Unterholz, der Duft eines sich nähernden Raubtieres, der Schatten am Himmel – all das musste wahrgenommen werden, um zum richtigen Handeln zu bewegen oder zu manipulieren (aus dem Französischen »manipuler« = durch gezielte Beeinflussung in eine bestimmte Richtung lenken).

Diese ständige Offenheit für Reize haben wir immer noch im Blut, und genau das macht es uns schwer, einfach einmal alle Sinneskanäle zu verschließen, um den Ansturm neuer Reize zu verhindern.

Natürlicher Schutz: Wie das Gehirn uns vor Überlastung bewahrt

Dabei versucht Mutter Natur schon so gut wie möglich, uns vor unwichtigen Reizen abzuschotten und uns vor einem Informations-Overload zu schützen. Dazu hat sie zunächst bei unseren Sinnesorganen Reizschwellen eingerichtet, die überschritten werden müssen, damit Signale es aus dem Außen und dem Innen überhaupt in unser Gehirn schaffen.

Wir können uns das vorstellen wie das gut bewachte Gelände eines Unternehmens, nennen wir es unsere »Brain AG«. Rund um die Brain AG ist eine Mauer gebaut, und jeder, der das Firmengelände betreten will, muss zunächst am Wachpersonal eines Eingangstores, an den Rezeptoren, vorbei. In Bruchteilen von Sekunden entscheiden sie, ob sie Besucher überhaupt aufs Firmengelände lassen oder nicht. Bei jedem neuen Reiz, der an die Eingangstore von Augen, Ohren, Nase, Mund (Zunge und Gaumen), Haut oder von den körperinneren Rezeptoren klopft, prüfen sie zwei Fragen[13]:

1. Braucht mein Mensch, meine Brain AG, das zum Überleben?
2. Nein? Verbessert es dann zumindest unsere derzeitige Situation?

Nur, wenn die Gatekeeper mindestens ein Ja auf die obigen Fragen bekommen haben, dann lassen sie die Besucher zumindest aufs Firmengelände in den Bereich des Ultrakurzzeitgedächtnisses, auch sensorischer Speicher genannt. Dort bleiben sie für einen Wimpernschlag und werden dann entweder nach zwei Sekunden wieder rausgeworfen (dein Ultrakurzzeitgedächtnis löscht die Infos gleich wieder) oder sie dürfen tiefer in die heiligen Hallen der Brain AG vordringen und lösen dort weitere neuronale Aktivitäten aus. Sei es, dass du beim Waldspaziergang die Füße hebst, um nicht über eine Wurzel zu stolpern. Sei es, dass du nach dem Wasser greifst und trinkst, weil das Signal »Ich habe Durst!« angekommen ist. Manche Reize machen es sich auch irgendwo auf dem Firmengelände der Brain AG gemütlich und verhalten sich dort in deinem Unterbewusstsein erstmal still.

Dieses Sortieren ist äußerst schlau von unserem Gehirn. Denn so kannst du mit einem Freund im Wald spazieren gehen, dich intensiv mit ihm unterhalten und gleichzeitig die Füße heben, um über Hindernisse auf dem Waldboden zu steigen. Über die Eingangstore deiner Augen kam die Info in deinen visuellen Speicher »Achtung Wurzel!«, du reagierst. Aber nach dem Spaziergang wirst du nicht aufzählen können, über wie viele Wurzeln du gestiegen bist oder wie vielen Pfützen ausgewichen. Nachdem du instinktiv richtig reagiert hast, »vergisst« du es gleich wieder.

Wir können übrigens Informationen, die für Sekunden im auditiven Speicher des Ultrakurzzeitgedächtnisses waren, wiederholen – auch wenn wir sie gar nicht bewusst wahrgenommen haben. (»Hey, du hörst mir überhaupt nicht zu! Was habe ich gerade gesagt?« – »Du hast gesagt, dass wir Dinge wiederholen können, auch wenn wir sie nicht wahrgenommen haben!«). Erst gar nicht ins Ultrakurzzeitgedächtnis gelangen natürlich jene Reize, die nicht in die Nähe deiner Sinnesrezeptoren gekommen sind. Wenn du beim Waldspaziergang nie deine Augen auf die dahinziehenden Wolken am Himmel gerichtet hast, dann klopfen diese Infos auch nicht bei den Gatekeepern an. Oder wenn du eine verstopfte Nase hast, wird die harzige Waldluft nicht auf die Geruchsrezeptoren treffen können.

Zuhören, ohne zuzuhören.

Nur die markantesten Reize schaffen es ins Ultrakurzzeitgedächtnis

Doch selbst wenn die Rezeptoren rein objektiv fähig wären, die Reize aufzunehmen, so lassen die Gatekeeper an den Toren von Außen- und Innenwelt nicht alles rein. Um unser Gehirn vor Überlastung zu schützen, sind sie sehr streng, welche Reize die Schwelle zum Gehirn überhaupt überschreiten dürfen. Deshalb gilt: Je markanter ein Reiz ist, desto eher machen die Wachleute die Tore auf. Bei Tönen haben beispielsweise Reize eine bessere Chance, im auditiven Speicher zu landen, je lauter, schriller oder durchdringender sie sind. Farben schaffen es eher in den visuellen Speicher, je knalliger und auffälliger sie sind. Markant suggeriert unserem Gehirn: Das ist überlebenswichtig für dich!

Ist der Schwellenwert nicht erreicht, kommen nach dem »Ganz-oder-gar-nicht«-Prinzip gar keine Informationen im jeweils zuständigen sensorischen Speicher an.

Dann hilft es auch nicht, die Signale fünfmal zu schicken. Nach dem Motto »Jetzt spiele ich Schallplatte mit Sprung und sage fünfmal zu meinem Kollegen ›Räumst du jetzt bitte endlich die Spülmaschine in der Kaffeeküche aus‹«. Nur wenn der Satz zumindest einmal die Reizschwelle überspringt, landet die Bitte zumindest im auditiven Speicher deines Gegenübers. Die erste Hürde ist genommen, aber deine Bitte hat noch keine Garantie auf Erfolg! Denn angekommen heißt noch nicht »wahrgenommen«. Dazu später mehr.

Deine Neuronen als Energiesparfüchse

Warum unser Gehirn diese Reizschwellen eingebaut hat, hat einen einfachen Grund: Es will uns vor Überlastung schützen und Energie sparen! Unser Gehirn ist zwar von Natur aus neugierig und offen für neue Impulse. Aber es sortiert von Anfang an rigoros vor, welche Botschaften es überhaupt reinlassen, wahrnehmen und verarbeiten will. Das Gehirn als Schaltzentrale aller Vorgänge in unserem Körper will so energieeffizient wie möglich sein, und schon seit Millionen Jahren achten unsere Denkzellen darauf, keine Energie zu verschwenden.

Denn wer konnte schon wissen, wann es wieder ausreichend Nahrung und damit »Denkbenzin« in Form von Glukose oder auch lebensnotwendiges Wasser gab, um die mehr als 100 Milliarden Denkzellen (=Neuronen) am Laufen zu halten, die rund 20 Prozent der gesamten zur Verfügung stehenden Energie für sich beanspruchen. Da hieß es schon im Neandertal: »Haushalten mit den eingehenden Kalorien!«

Hirn leer – auch eine Frage unseres Lebensstils

Heute haben wir weniger ein Versorgungsproblem dank ständig verfügbarer Kalorien: An fast jedem Bahnsteig findest du einen Automaten mit Limo und Schokoriegeln, viele Tankstellen und Fast-Food-Lokale haben 24/7 offen. Das Problem heute besteht eher darin, dass wir durch zu viel fettiges Essen, zu viel Zucker, zu wenige Vitamine und fehlende wertvolle Nährstoffe sowie durch Zusatzstoffe wie Glutamat (Geschmacksverstärker) die Biochemie im Gehirn durcheinanderbringen. Wir lassen vor lauter Stress komplette Mahlzeiten ausfallen, setzen damit die fleißigen Neuronen auf Diät, nur um sie dann mit Schokoriegeln und Energydrinks im Nachmittagstief von Null auf Hundert zu schicken. Wir trinken zu wenig reine Flüssigkeit (ohne Zucker oder Alkohol). Wir schlafen zu wenig, um dem Gehirn die nötige Ruhe zu verschaffen, damit sich Hirnstrukturen festigen können und wir Gelerntes vernünftig konsolidieren. Außerdem bewegen wir uns zu wenig und tanken zu wenig frische Luft, was die Neuronen zusätzlich müde und träge macht. Allein im Ruhezustand, wenn wir faul auf der Couch liegen, verbraucht unser Gehirn etwa ein Fünftel des gesamten vom Organismus aufgenommenen Sauerstoffs. Da würde ein Spaziergang an der frischen Luft nach dem Mittagessen mehr helfen als der dritte Espresso, um unsere Denkleistungen am Nachmittag auf Topniveau zu halten.

Warum es uns erschöpft, ständig auf Empfang zu sein

Es ist also eine sinnvolle und effiziente Haltung unseres Gehirns, uns vor unwichtigen Reizen komplett abzuschotten, um Energie zu sparen und um uns vor Überlastung zu schützen. Aber dennoch sind unsere Rezeptoren ständig auf Empfang, damit das, was innerlich andocken sollte, zu uns durchdringen kann.

Das kennst du vielleicht, wenn du mit deinen Kindern auf dem Spielplatz warst. Die Kleinen toben, du unterhältst dich gut mit einem anderen Elternteil. Dann hörst du – und nur du! – dein eigenes Kind weinen, und du drehst dich alarmiert dem Geschrei zu. Unser Radar ist immer an, um aus dem ständigen Summ-Summ *für uns* wichtige Informationen frühzeitig aufzuschnappen, damit wir richtig reagieren können.

Kein Wunder, dass wir so häufig das Gefühl haben, den »Kopf voll« zu haben und uns mental erschöpft zu fühlen: Das »Immer auf Empfang sein« ist einer der ersten und wichtigsten Gründe dafür. Unsere Gatekeeper schauen sich ununterbrochen die neuen Besucher an, halten mit anderen Gehirnregionen Rücksprache, ob die reindrängelnden Gäste nicht doch aufs Firmengelände der Brain AG dürfen und weisen unerwünschte Ankömmlinge ab.

Da heute mehr Reize denn je auf uns einstürmen, muss dein Gehirn schon an den ersten Eingangstoren permanent eine Menge Energie aufbringen, um diese Reize aufzunehmen, mit anderen Hirnregionen zu interagieren, zu bewerten, zu verarbeiten und zu entscheiden, ob der Reiz zumindest schon mal für ein oder zwei Sekunden in einen unserer sensorischen Speicher des Ultrakurzzeitgedächtnisses darf oder ob er stattdessen komplett »ausgeblendet« werden soll.

Reizüberflutung frisst Nährstoffe im Hirn. Ergebnis: Erschöpfung!

Gehirn oder Gedächtnis?

Als »Gehirn« bezeichnen wir die biologische Masse aus Nervenzellen, also die rosafarbene und manchmal auch graue Substanz, die sich in Hirnteilen wie Cortex (Hirnrinde), Amygdala (Mandelkern), Hippocampus oder Thalamus gruppieren.

Das »Gedächtnis« ist die Fähigkeit unseres Nervensystems, sich an Dinge, Menschen und Ereignisse zu erinnern. Wenn wir von Ultrakurzeit-, Arbeits- und Langzeitgedächtnis sprechen, dann sind das keine direkt verortbaren Regionen im Gehirn, sondern Bezeichnungen für die Dauer der Speicherung (wenige Millisekunden bis dauerhaft). Das Langzeitgedächtnis können wir weiter nach der Art der Erinnerung einteilen in bewusstes Gedächtnis (episodisches: der letzte Urlaub; semantisches: Faktenwissen) sowie unbewusstes Gedächtnis (prozedurales: Radfahren können; perzeptuelles: das Gesicht kenne ich doch!), die in unterschiedlichen Gehirnregionen verarbeitet werden.[14]

Ob du willst oder nicht, verbrennen deine Gehirnzellen wertvolle Nährstoffe wie Glukose und benötigen viel Sauerstoff. Mit dem Ergebnis, dass du dich nach einiger Zeit in einer reizüberfluteten Umgebung erschöpft fühlst, obwohl du doch »gar nichts gemacht hast«. Ja, *bewusst* hast du nichts gemacht, aber ohne es zu merken musste dein mentaler Speicher Höchstleistung erbringen, um die eintreffenden Signale zu bewerten und letztlich so viele Reize wie möglich draußen zu lassen. Vor allem die »Rücksprache« mit anderen Gehirnregionen, die wir uns in den folgenden Kapiteln noch genauer anschauen, frisst häufig Energie. Denn irgendwoher muss die Info, was wichtig ist und was nicht, ja kommen. Die Gatekeeper funken über das Arbeitsgedächtnis dein Langzeitgedächtnis an, sie stimmen sich mit deinem »emotionalen« Gedächtnis oder auch mit deinem Planungs- und Handlungszentrum in der Chefetage der Brain AG im Cortex ab.

Je mehr hinter unserer »Denkerstirn« im präfrontalen Cortex abläuft, desto schneller sind wir mental erschöpft, meint der Molekulargenetiker Michael Nehls. Denn während unser Hirnstamm im unteren Teil des Gehirns tagein tagaus unsere Atmung reguliert ohne zu ermüden, scheint die Energie, die unserem Frontalhirn zur Verfügung steht, tatsächlich limitiert zu sein. Würde der Teil des Gehirns, der die Atmung regelt, »dieselbe mentale Energie benötigen, die unser Denken und Handeln braucht, drohte immer die Gefahr, dass wir aus Erschöpfung ersticken.«[15]

Neuronen im Wettlauf mit der Reizflut

Doch unsere Neuronen sind schlaue Kerlchen, die immer optimal mit der wertvollen Denkenergie haushalten wollen. Um sich die ständigen Rückfragen in anderen Hirnarealen zu ersparen, was jetzt wichtig ist oder nicht, setzt unser Gehirn ganz einfach auf Muster und Regeln. So wie in einem Unternehmen Prozesse definiert sind und beispielsweise die Regel gilt, dass alle Rechnungen unter 500 Euro ohne Rücksprache mit den Führungskräften bezahlt werden können, speichert das Gehirn deine individuellen Antworten auf die ersten beiden Fragen von vorhin ab. (Braucht mein Mensch, meine Brain AG, das zum Überleben? Nein? Verbessert es dann zumindest unsere derzeitige Situation?) Die Gatekeeper wissen dann sofort: Dieser Reiz hat Hausverbot, jener Reiz darf rein.

Die Reizschwelle wird also für jeden Reiz individuell so gesetzt, dass die Gatekeeper sofort ohne Rücksprache wissen, was sie zu tun haben. Im Klartext: Reize, die sich in unserem

Leben wiederholen, alles, was wir gewohnt sind, werden als unwichtig deklariert und setzen die individuelle Reizschwelle nach oben. Ergebnis: Das Signal kommt idealerweise nicht mal mehr ins Ultrakurzzeitgedächtnis.

Je nach Häufigkeit, Dauer und Eindringlichkeit der Reize stumpfen wir (im positiven Sinne) ab. Nach einer bestimmten Zeit nehmen wir beispielsweise monotone Hintergrundgeräusche oder gleichbleibende Gerüche gar nicht mehr wahr. Fachleute bezeichnen das als Adaption, also Anpassung. Wer an einer Bahnstrecke wohnt, registriert nach einiger Zeit die vorbeirumpelnden Züge nicht mehr. Ob Signale die Reizschwellen überspringen – oder eben nicht – ist auch abhängig von hormonellen Einflüssen oder sogar von unserer Tagesform. Wer im Nachmittagstief am Schreibtisch hängt, der hört die Frage des Kollegen tatsächlich nicht.

Auffallen um jeden Preis

Leider kennen diesen Adaptionseffekt auch alle Medien, Influencer oder Unternehmen, die uns etwas verkaufen wollen. Sie wissen, dass wir nach einiger Zeit die knalligen Plakate oder dicken Headlines komplett übersehen. Sie wissen, dass wir Radiowerbung mit einer bedächtigen und ruhigen Stimme überhören – und in Folge nichts kaufen werden. Deshalb suchen sie immer neue Wege, um aus dem Einheitsbrei der Reize herauszustechen. Sie kitzeln unser Gehirn mit intensiveren Signalen, um zumindest unsere Reizschwellen zu überwinden und es an den Gatekeepern vorbei ins sensorische Gedächtnis zu schaffen. Sie versuchen mit allen legalen Tricks, dass wir den Blick auf sie richten oder die Ohren für sie spitzen.

Während der Kollege vermutlich *intuitiv* direkt vor deiner Nase mit den Fingern schnipst: »Hallo Schlafmütze! Hörst du mich?!«, setzen andere *bewusst* darauf, dass unsere Sinnesorgane sich für sie öffnen und wir anschließend ihre Botschaften wahrnehmen.

Hochsensible haben feinere Antennen

Besonders hart trifft die ständig intensiver werdende Reizüberflutung hochsensible Menschen. Sie haben – aus Gründen, die gerade intensiv erforscht werden – eine niedrige sensorische Reizschwelle. Ihre Sinnesorgane sind wie ganz feine, hochempfindliche Antennen, die noch mehr Informationen zum Ultrakurzzeitgedächtnis durchlassen als beim Rest der Welt.

Hochsensible sind oft lichtempfindlich, sie ermüden schneller, wenn sie unter vielen Menschen sind, laute oder emotionale Filme gucken, negative Nachrichten lesen oder in dicht gedrängten Einkaufszonen ihre Wochenend-Einkäufe machen. Hochsensible nehmen empathisch die Stimmungen ihrer Mitmenschen war. Ihnen fallen sehr viel mehr Details in ihrer Umgebung auf und auch innere Empfindungen wie Frieren, Hunger, Harndrang, Sorgen, Aufregung oder Wut schwappen schneller ins Gehirn als bei anderen Menschen.

Sind die Signale erstmal im Gehirn, dann verarbeiten Hochsensible sie besonders intensiv. Ihr Arbeitsgedächtnis nimmt bewegende Situationen, Gespräche oder Filme nachdrücklicher auf, und Emotionen hallen in ihnen länger nach. Sie weinen schneller als andere Menschen und werden häufig aus heiterem Himmel von starken Gefühlen übermannt, was ihnen schnell den Ruf einbringt, ein »Sensibelchen« zu sein, »zu zartbesaitet«.

Sie nehmen die Dinge um sich herum (und aus sich selbst) zudem schneller, lauter, greller, intensiver und detaillierter wahr, stellte die US-amerikanische Psychologin Elaine Aron fest, die den Begriff Hochsensibilität in den 1990ern prägte.[16]

Auch wenn es derzeit noch sehr wenig Forschungsarbeiten zum Thema Hochsensibilität gibt, so ist sich die Fachwelt einig, dass manche Gehirne einfach sensibler auf Reize reagieren und schneller an Reizüberflutung leiden als andere. In jedem Fall brauchen Hochsensible deshalb viel Zeit für sich allein, Zeit für echte Ruhe und Zeit dafür, Erlebtes zu verarbeiten.

Im Summ-Summ der Reize aufzufallen ist das Ziel.

Das Thema Wahrnehmung schauen wir uns später noch genauer an. Doch um die stetig steigende Reizflut zu verstehen, ist es bereits an dieser Stelle wichtig zu erkennen, *warum* sich die Reizspirale derart nach oben dreht: Nur was die Schwelle der Gatekeeper überspringt, kann in unseren Gehirnen im Sinne des Absenders wirken. Nur die sehr auffälligen (»salienten«) Reize, die im Kontrast zur Umgebung stehen, schaffen es an den Gatekeepern vorbei und kapern unsere Aufmerksamkeit.

Das können Reize sein, die unsere Aufmerksamkeit durch auffällige, markante Merkmale wecken, beispielsweise die roten Tomaten mitten im grünen Gemüse der Supermarkt-Auslage oder knallpinke Buttons auf einer weißen Website. Die Stimmen von Radiospotsprechern haben eine gewisse Penetranz, um die anderen Werber zu übertönen. Das fällt witzigerweise dann schon nicht mehr auf, weil alle in dieser Tonlage sprechen. Dann wirst du hellhörig, wenn plötzlich Stille im Radio herrscht oder eine ruhige Stimme im Kontrast zum sonstigen Summ-Summ steht.

Wir können gekapert werden durch überraschende Reize, also plötzlich auftauchende Objekte und alles, was sich bewegt. Auf Websiten gilt häufig: Was nicht blinkt oder als Lauftext durchläuft, bleibt für geübte Websurfer quasi unsichtbar.

Uns springt ins Bewusstsein, was uns in irgendeiner Form eine Form der Belohnung verspricht. Oder es kapern uns auch Merkmale, die unser Angstsystem triggern. Aus diesem Grund werden Medienmacher und Influencer immer extremer in der Formulierung von Überschriften, um zu uns durchzudringen. Signalwörter wie »Gefahr, (Erd-)Beben, tödlich« sollen uns in langweilige Beiträge locken, und meist geht der Plan auf: Wir halten es schlicht nicht aus, zu verpassen, was sich hinter reißerischen Schlagzeilen verbirgt: Die Reizschwelle wurde übersprungen, die Info hat sich ihren Weg vom visuellen Speicher bis zum neuronalen Befehl an unseren Zeigefinger bahnen können, und wir haben auf den Beitrag geklickt!

Unsere Reizschwellen verschieben sich

Dieses Reiz-Reaktionsspielchen ist wie ein Wettlauf. Um sich zu schützen, passt unser Gehirn unsere individuellen Reizschwellen ständig an, um den Umgebungsmüll außen vor zu lassen. Doch weil wir nur kaufen, nicken oder klicken können, wenn unsere Gatekeeper die Reize ins Gehirn gelassen haben, erhöhen die Menschen um uns herum die Intensität des »Rufens«, um die Reizschwellen unserer Sinnesorgane zu überwinden. Je »trainierter« sprich vertrauter wir mit den neuen Signalen sind, desto weniger Signalwirkung haben sie auf uns und desto »lauter« müssen die anderen erneut werden. Eine Spirale nach oben setzt sich in Gang, wenn wir nicht aktiv und selbstbestimmt eingreifen.

Bau dir deine eigenen Schutzmauern

Du musst nicht hochsensibel sein, um dir von Herzen Ruhe zu wünschen, denn vielen Menschen fehlen in der heutigen Reizüberflutung Phasen der Stille, des Rückzugs, des Abschaltens. Viele Menschen sehnen sich auch danach, die Reizüberflutung im eigenen Kopf abschalten zu können, mal im Hier und Jetzt zu sein, präsent zu sein – und nicht gedanklich schon wieder fünf Kilometer weiter.

Es scheint in einem engen, fragmentierten und schnellen Alltag unmöglich, einfach einmal zu »sein« – ohne Druck. Manche Menschen wären so gern wie der Mönch, der laut einer östlichen Überlieferung gefragt wurde, warum er trotz seiner vielen Beschäftigungen immer so glücklich sei. Er sagte: »Wenn ich stehe, dann stehe ich, wenn ich gehe, dann gehe ich, wenn ich esse, dann esse ich, …« Die Fragesteller fielen ihm ins Wort und sagten: »Das tun wir auch, aber was machst du darüber hinaus?« Der Mann sagte: »Wenn ich stehe, dann stehe ich, wenn ich gehe, dann gehe ich …« Wieder unterbrachen ihn die Leute: »Aber das tun wir doch auch!« Er antwortete: »Nein – wenn ihr steht, dann geht ihr schon, wenn ihr geht, dann esst ihr schon. Das ist der Unterschied.«

Innerlich immer auf dem Sprung – das hat häufig weniger damit zu tun, dass wir keine Zeit hätten, uns mal abzunabeln, sondern es hat damit zu tun, dass wir uns ein elendes Multitasking angewöhnt haben. Da schieben Mütter und Väter mit einer Hand den Kinderwagen über den Waldweg, mit der anderen Hand drücken sie das Handy ans Ohr. Anstatt den Spaziergang für sich zu nutzen und den Gedanken nachzuhängen (solange die Kleinen schlafen) sind sie erreichbar und »produktiv«. Ganz klar: Wenn Mama oder Papa es von Herzen genießen, in der ruhigen Zeit an der frischen Luft mit einem netten Menschen zu telefonieren, dann ist das wertvolle Zeit für sich selbst, die Kraft schenkt. Wenn wir aber glauben, diese kurze Phase der Ruhe nutzen zu *müssen (!)*, um tausend Dinge zu organisieren oder den Erwartungen anderer Menschen zu entsprechen, dann erzeugt es zusätzlichen Stress.

Multitasking multipliziert die Reizflut und macht krank.

Unbewusst, aber meist freiwillig, lassen wir immer mehr Reize an uns heran, bis wir in eine Sucht gezogen werden und gar nicht mehr anders können, als unsere Aufmerksamkeit aufzuteilen. Mit fatalen Folgen: Nicht nur, dass die Reizüberflutung und die fehlenden »Off«-Zeiten uns müde, unkonzentriert, reizbar und vergesslich machen, auf Dauer fördern wir auch Krankheiten wie Depressionen oder körperliche Beschwerden.

Wir »finden« keine Ruhephasen mehr, keine Momente, die nur uns gehören. Wird es doch einmal ruhig, dann ertappen sich viele Menschen dabei, wie sie auf ihre Bildschirme starren, auf Instagram Hochglanzbildchen nach oben wischen, im Akkord WhatsApp-Chats beackern, sich von einem Youtube-Video ins nächste ziehen lassen oder in Spiele wie Candy Crush und Co. flüchten.

Ihr mentaler Akku ist bereits so leer, dass die Kraft fehlt, das mittlerweile ungeliebte Verhalten zu verändern. Wissenschaftlich betrachtet befinden sie sich im Zustand der »Ego Depletion« (von Ego = ich und Depletion = krankhafter Verbrauch körpereigener Stoffe) und haben keine Vorstellungskraft, geschweige denn Willenskraft mehr, aus der sich selbstverstärkenden Mattigkeit auszusteigen.

Es ist einfacher, sich den schnellen und jederzeit verfügbaren Reizen hinzugeben, es ist einfacher, sich berieseln zu lassen, als selbst die Initiative zu ergreifen, um sich abzuschotten und sich nur den Reizen auszusetzen, die uns guttun. Die Reizüberflutung macht es uns leicht, ein Leben in der zweiten Reihe, in der Beobachterrolle der Leben anderer zu führen. Je länger dieser Zustand andauert, desto weniger haben wir die Kraft auszusteigen. Noch dazu wenn wir Angst haben, etwas zu verpassen, dann greifen wir manisch nach den Smartphones – und verpassen damit das Wichtigste: das eigene Leben!

Welche und wie viele Reize? Du bestimmst!

Mache ab sofort in deinem Leben einen Unterschied, und übernimm (wieder) die Hoheit darüber, welche Reize überhaupt auf dich wirken sollen. Wir selbst können eine Menge tun, um die Reizüberflutung für uns individuell in ein so ruhiges Fahrwasser zu bringen, dass unsere Sinnesorgane offenbleiben und sich über neue Impulse freuen können, ohne dass wir überreizt werden.

Schließlich zwingt uns nichts und niemand, uns überhaupt in die Nähe dieser Reize zu begeben. Niemand zwingt uns, Klatschzeitschriften zu lesen oder die voreingestellte Startseite unseres Browsers in der Grundeinstellung zu lassen. Niemand zwingt uns, Apps zu installieren oder Pushnachrichten zuzulassen. Niemand zwingt uns, auch noch vor dem Fernseher unsere Mails zu checken. Niemand zwingt uns, ständig erreichbar zu sein.

Ja, es fühlt sich häufig so an, als müssten wir das alles tun. Weil es von anderen Menschen erwartet wird, weil es sich so eingebürgert hat. Manchmal fühlt es sich auch so an, als hätten wir gar keinen »freien Willen«. Das kennst du vielleicht von diesen Momenten, wo es dich nach Feierabend in die Tiefen der sozialen Medien zieht (obwohl du doch endlich mit der Schulfreundin von damals telefonieren wolltest), wo du dich immer wieder von Kollegen bei der Arbeit stören lässt (obwohl du heute unbedingt deinen Bericht fertigbekommen und pünktlich nach Hause gehen wolltest) oder wo du mal wieder zum saftigen Hamburger mit knackigen Pommes greifst (obwohl du schon im letzten Gürtelloch angekommen bist und konsequent gerade den obersten Jeansknopf offenlässt, um sitzen zu können).

»Irgendetwas« in dir verleitet dich immer wieder dazu, deine guten Vorsätze und Ziele über den Haufen zu werfen. Dieses »Irgendwas« schauen wir uns später noch genauer an. Für den Moment kann es dich ins Tun bringen, wenn du dir klarmachst: Wir sind dem ganzen Schlamassel nicht hilflos ausgeliefert! Denn wir haben ja im Gehirn nicht nur unsere unbewussten und emotionalen Strippenzieher. Sondern wir haben auch einen Verstand, ein Planungs- und Handlungszentrum, über das wir sehr wohl willentlich beeinflussen können, was wir tun oder eben unterlassen wollen. Nur ist es manchmal ein bisschen Arbeit, unsere Impulse zu zügeln und willentlich und »vernünftig« zu handeln.

Die folgenden Brainhacks unterstützen dich zum Auftakt deines Kopf-frei-Trainings dabei, der Reizüberflutung zu entkommen. Alles weitere schauen wir uns später in Ruhe an.

Kopf frei! Brainhacks gegen die Reizüberflutung

Nicht vergessen: Im geschützten Deep-Dive-Bereich unter https://kreative-chaoten.com/kopf-voll-hirn-leer/ findest du ein Workbook zu den Brainhacks. Passwort: herz&hirn.

Brainhack 1: Stelle überflüssige Reize sofort ab

Ein erster, sofort wirksamer Schritt, um deinen Kopf zu entlasten, ist es – du kannst es dir sicher denken –, so viele Reize wie möglich abzustellen. Ähnlich wie man Schreibabys von allen Licht- oder Geräuschquellen abschirmt, damit sie sich beruhigen, dürfen auch wir uns von Überflüssigem befreien. Halte inne, und nimm bewusst wahr, welche Eindrücke im Moment als Reize in deinem Kopf ankommen:

- Was hörst du im Moment? Geräusche, Stimmen, Musik?
- Was riechst du im Moment?
- Was spürst du im Moment? Das Sockenbündchen? Einen kalten Luftzug? Die Sonne auf deiner Haut?
- Was siehst du, wenn du dich umschaust? Welche Gegenstände? Blinkt irgendwo irgendwas?
- Was schmeckst du im Moment?
- Welche Infos schickt dein Körper gerade an dich? Schmerzen? Hunger? Frieren?

Frage dich, welche Reize du jetzt sofort ohne großen Aufwand und ohne inneren Schmerz abstellen kannst. Stelle dir dazu ein

Theater vor. Ist die komplette Bühne in Licht getaucht, dann ist viel zu sehen an Einrichtung, Wänden, Hintergrund, Personen – eine Menge Reize sind zu verarbeiten. Wird allerdings nur ein einzelner Spot auf einen bestimmten Punkt gerichtet, dann verschwindet alles momentan Unwichtige im Dunkeln und die Aufmerksamkeit, der Fokus, richtet sich ausschließlich auf das, was im Licht steht.

Genauso kannst du dir die Übung vorstellen: Richte deinen Scheinwerfer auf das, was jetzt im Moment wichtig ist, nämlich dieses Buch zu lesen. Alles, was außerhalb des imaginären Lichtkegels liegt, schalte ab. Du liest im Moment dieses Buch – also stelle beispielsweise Hintergrundmusik aus, schließe die Tür, lösche alle Lichter bis auf deine Leselampe.

Stelle alle im Moment nicht notwendigen Reize ab. Spüre, wie es dir damit geht. Es kann sein, dass die Stille dir gerade in den Ohren wehtut, dass du dein eigenes Blut in den Ohren rauschen hörst, deinen eigenen Herzschlag plötzlich spürst. Es kann sein, dass du einen leichten Druck im Kopf bemerkst oder dass der Nacken zwickt. Nimm diese Dinge wahr. Und richte dann wieder deinen Scheinwerfer auf dieses Buch.

Die Wahrnehmung bewusst lenken, um die Reizflut zu erkennen.

Im Kern greift dieser Brainhack auf ein späteres Kapitel vor, in dem wir uns mit Aufmerksamkeit und Wahrnehmung beschäftigen. An dieser Stelle geht es mir jedoch nur darum, dass du auf eine mögliche Reizflut achtest. Denn nur wenn wir bewusst Reizquellen entdecken, können wir gegen sie vorgehen. Alles, was einfach nur passiert, wird auch weiterhin auf dich einstürmen und die Gatekeeper-Neuronen auf Trab halten.

Mache aus diesem ersten Brainhack eine neue Mikrogewohnheit. Nimm dich immer wieder bewusst in deiner Umgebung wahr, erkenne Störquellen, die im Moment wirklich nicht wichtig sind für dich, und stelle sie ab. Verschaffe deinen Gatekeepern, wann immer es geht, Ruhe.

Lebe die Raus-Strategie!
Gönne dir ab sofort, dass du Situationen verlässt, wenn es gerade zu viel ist oder wenn dir der Kopf zu sehr schwirrt. Eine räumliche Veränderung hat eine wirksame Signalwirkung auf unseren Geist, und neue – angenehme – Reize unterstützen dich fabelhaft dabei, den Kopf freizubekommen. Gerade wenn dich im Moment viele innere Reize (Gedanken, Sorgen) beschäftigen, dann kann die Raus-Strategie dein Kopfkarussell anhalten.

Besonders wirkungsvoll ist die Raus-Strategie, wenn du an die frische Luft gehst. Sei es nur für ein paar Minuten tief durchatmen vor der Tür, oder eine Runde drehen raus in die Natur, in den nächsten Park, in den Wald, an ein Gewässer. Stelle dir vor, wie der Wind deinen Kopf freibläst, wie die Wolken am Himmel deine Gedanken mitnehmen, konzentriere dich auf die Geräusche der Natur. Das hat nichts mit dem kritisch bewerteten »Eskapismus« zu tun, bei dem wir uns in Ablenkungen stürzen (die meist digitaler Art sind und uns abstumpfen lassen) oder vor stressigen Situationen weglaufen. Nein, es hat damit zu tun, dass ein kurzer, bewusst durchgeführter Ortswechsel automatisch für einen Moment die Gedankenflut kappt. Das bringt dir die Freiheit, entweder deine Aufmerksamkeit ausdrücklich auf andere Themen oder Dinge in deinem Umfeld zu lenken (das Zwitschern der Vögel) oder den Perspektivenwechsel zu nutzen, um dich im Kopf neu zu sortieren.

Brainhack 2: Prüfe deine grundsätzliche Reizüberflutung

Denke nach, welche Signale an einem ganz normalen Tag, in einer ganz normalen Nacht in deinem Kopf ankommen:

- ◇ Welche Geräusche dringen auf dich ein? (Musik im Hintergrund, Surren der PC-Lüftung, Brummen der Heizung …)

- ◇ Wie schnell switcht du zwischen Aufgaben hin und her?
- ◇ Was tust du während deiner Onlinemeetings?
- ◇ Welche Aufgaben erledigst du im Multitasking-Zustand?
- ◇ Was machst du, während du isst?
- ◇ Was hörst oder machst du, während du Auto fährst?
- ◇ Welche Pushnachrichten reißen dich aus dem Tun?
- ◇ Wie oft am Tag gehst du dem Reiz eingehender News der sozialen Medien nach?

Jetzt frage dich: Wie geht es dir damit? Könnte die Dauerberieselung mit all diesen Reizen bereits eine Antwort liefern, warum sich dein Kopf ständig so voll anfühlt?

Entscheide anschließend, welche Reize du ohne großen inneren Schmerz verringern oder sogar ganz abstellen kannst. Auf dem Weg zur Arbeit: Welche Reize kannst du ohne Bedauern reduzieren? Wenn du arbeitest: Kannst du die Tür schließen? Verschaffen dir Noise-Cancelling-Kopfhörer, die Umgebungsgeräusche für deine Ohren verstummen lassen, eine wohltuende Abschottung? Kannst du mit Trennwänden den Blick in den übervollen Raum stoppen?

Im Homeoffice: Kannst du deinen Arbeitsplatz so ausrichten, dass dein Blick nicht auf die Geschirrberge fällt? Kannst du Umgebungslärm reduzieren? Gegen den nächtlichen Lärm auf der Straße: Möchtest du einen geräuschdämmenden Vorhang aufhängen? Magst du dein Smartphone ab sofort nicht mehr am Körper tragen oder außer Sichtweite legen?

Stelle bewusst alle momentan überflüssigen Reizquellen ab. Spüre nach, wie es deinem Kopf und deiner Stimmung geht, wenn der Overkill weg ist. Probiere aus, welche Menge und Intensität an Außenreizen dir wirklich guttun und wann dich deren Fehlen eher stresst. Es geht darum, dass du achtsam auf dich schaust, welche Menge und Intensität an Reizen dich in eine positive Stimmung bringen, dich gesund und kraftvoll halten. Reizüberflutung ist schlecht, zu wenig Reize können dich aber auch stören und damit immer überempfindlicher machen.

Das ist wie bei unseren Muskeln: Unser Körper passt sich den Reizen an, denen er ausgesetzt ist. Wird ein Muskel angemessen stark beansprucht, dann wird er kräftiger. Ist der Muskelreiz zu groß, dann schädigt er unser Muskelsystem, wir »zerren« uns den Muskel oder haben einen Muskelfaserriss. Wird ein Muskel nicht belastet, bildet er sich zurück, und das ist für unsere allgemeine Fitness auch nicht gut.

Achte auf dein persönliches Wohlbefinden in reizarmen oder reizvollen Situationen und reguliere entsprechend so gut wie möglich, was auf dich einprasseln darf und was nicht.

Es geht bei diesen ersten Brainhacks also ausschließlich um bislang unbemerkt auf dich einwirkende Reize, die du sehr schnell, unbürokratisch und ohne innere Schmerzen abstellen kannst. Starte heute mit kleinen, sofort umsetzbaren Maßnahmen, nach dem Motto: »Eine große Reise beginnt mit einem ersten, kleinen Schritt vor die eigene Haustür.« Freue dich über jeden Minischritt, den du erfolgreich gehst!

Wir sprechen nicht davon, dass du dein Smartphone verbannen sollst, wenn du viel am Handy hängst. Oder dass du dich für fünf Tage in ein Schweigekloster verabschieden sollst, wenn dir das Familienchaos zuhause zu viel ist. Oder dass ihr im Team Fokuszeiten einrichtet und Regeln festlegt, wie ihr den ständigen Unterbrechungen Paroli bieten wollt.

Solche »drastischen« Maßnahmen könnten für den Anfang komplett überfordern, und es hat ja auch seinen guten Grund, warum du dich gerade so verhältst, wie du es tust. Wir Menschen handeln niemals zufällig. Alles, was wir tun oder unterlassen, hat immer handfeste Gründe. Freue dich deshalb auf das folgende Kapitel zu unserem »Belohnungssystem«. Ich verspreche dir, wenn du das gelesen hast, dann können wir auch größere Veränderungen in deinem Leben in Angriff nehmen, um auf Dauer deinen Kopf freizubekommen.

Dopamin-Party: Wie dein Belohnungssystem den Kopf füllt

Wir Menschen sind emotionale Wesen. Alles, was wir tun oder lassen geschieht, weil eine »neuronale Jury« den Ereignissen ihr Etikett aufgeklebt hat. Entdecke in diesem Kapitel, welche Rolle der Botenstoff Dopamin spielt und warum dein Belohnungssystem deinen Kopf schneller füllt, als dir lieb ist.

Von Heulkrampf bis Glücksflash: Emotionen prägen unser Verhalten

Die Angst vor dem Schwimmunterricht. Der erste Kuss. Die abwertende Bemerkung des besten Freundes. Manche kleinen Augenblicke in unserem Leben brennen sich unauslöschlich ins Gedächtnis ein. Sie haben auch Jahre später große Macht über uns – selbst wenn wir uns gar nicht mehr bewusst erinnern können. Wir freuten uns über Lob, waren überrascht über ein Geschenk, hatten Angst im Dunkeln, waren wütend auf die Schwester, ekelten uns vor Spinnen, waren traurig, als der Freund wegzog oder verachteten die Freundin, die uns die erste Liebe ausspannte. Die Momente sind vorüber, aber die Emotionen, die sie uns bescherten, prägen uns bis heute.

Auch wenn Philosophen wie René Descartes (»Ich denke, also bin ich!«) den Menschen als rein vernunftbegabtes Wesen sahen, so wissen wir längst, dass wir zwar vernünftig handeln können, aber immer einen emotionalen Antrieb haben. In jeder Sekunde unseres Lebens treffen wir Entscheidungen »aus dem Bauch« heraus, auf Basis abgespeicherter Emotionen. Alles, was uns seit den ersten Lebenswochen widerfahren ist, hat Spuren in unserem emotionalen Gedächtnis hinterlassen. Kommt ein entsprechender Auslöser, dann sind auch die damaligen Emotionen wieder da: Eine Filmszene stimmt dich traurig, eine Melodie macht dir Gänsehaut, ein Geruch macht dich nervös, ein Geräusch versetzt dich in Panik, eine Berührung tröstet dich, ein landschaftlicher Ausblick beschert dir Euphorie.

Verantwortlich für diese »Gefühlsachterbahn« und für das, was wir daraus machen, ist unser körpereigenes Belohnungssystem tief in unserem Gehirn, auf der unbewussten limbischen und mesolimbischen Ebene. In der Metapher unserer Brain AG sind das Millionen Neuronen, die zwar an unterschiedlichen Orten, Stockwerken und Arbeitsplätzen arbeiten, aber völlig unbürokratisch teamübergreifend eng zusammenarbeiten. Dabei registrieren Neuronen der Amygdala (des Mandelkerns), des Nucleus accumbens und anderer Regionen wie des Hippocampus innerhalb von Millisekunden alles, was uns im Leben widerfährt. Genauer gesagt ist es nicht *eine* Amygdala, *ein* Hippocampus oder *ein* Nucleus accumbens, denn sie sind sowohl in der linken wie auch in der rechten Gehirnhälfte spiegelsymmetrisch angeordnet und bestehen auch aus mehreren Kernen. Der Einfachheit halber werde ich beim üblichen Sprachgebrauch bleiben und weiter von Amygdala, Hippocampus und Nucleus accumbens sprechen.

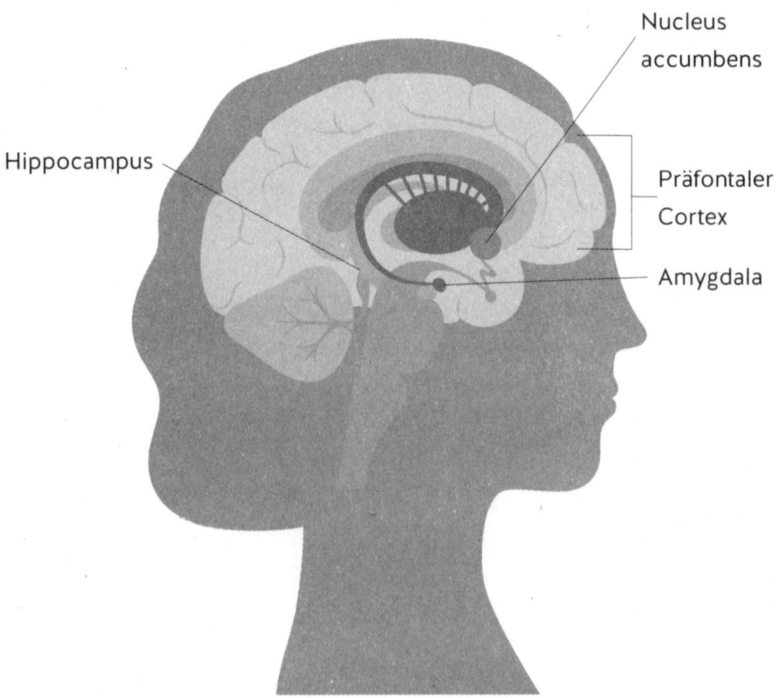

Die Stimmungsmanager der Brain AG bei der Arbeit

Die Neuronen des Belohnungssystems sind in der Brain AG sozusagen die Stimmungsmanager, die wie eine Art Jury einströmende Besucher (Reize) unterteilen in »positiv/gut« und »negativ/schlecht«[17].

Positives ruft nach Wiederholung
Findet die Jury, dass etwas gerade Erlebtes ein *positives* Ereignis war, eine Belohnung, dann schüttet unser Körper hirneigene »Drogen« aus. Das können Opioide wie Endorphine und Cannabinoide sein, die Freude, Lust und Euphorie erzeugen, das können Stoffe wie Oxytocin sein, die soziales Wohlgefühl (»Bindung«) vermitteln, oder Serotonin, das eher beruhigt und entspannt. Als willkommener Nebeneffekt wirken viele dieser Stoffe schmerzlindernd und vermindern Stress.

Außerdem sorgen die hirneigenen »Drogen« dafür, dass unser Körper den Botenstoff Dopamin ausschüttet und in uns der Wunsch nach Wiederholung dieses schönen Erlebnisses reift. Wir fühlen uns fit, motiviert und bestärkt, weiterzumachen und durch diese Erfahrungen lernt das Gehirn, was es tun muss, um künftig wieder dieses Glücksgefühl zu fühlen.

Negatives ruft nach Vermeidung
Stuft die Jury das Erlebte als *negatives* Ereignis ein, als Schmerz, als Stress, dann schüttet unser Körper ebenfalls einen wirkungsvollen Cocktail verschiedener Substanzen aus, wie Noradrenalin und Adrenalin (sie erhöhen den Muskeltonus, die Reaktionsbereitschaft, die Aufmerksamkeit und die Atmung), Vasopressin (steigert den Blutdruck) oder Cortisol, unser Stresshormon.[18] Unser Hirn speichert die auslösenden Reize und unsere negativen Emotionen dazu ab und das wird uns dazu auffordern, dieses negative Erlebnis künftig zu vermeiden.[19]

Was ist positiv, was ist negativ?

Bei allen Dingen, die du erlebst, bewertet die Jury vor allem, ob sie gerade deine Grundbedürfnisse erfüllen, Neuigkeitswert für dich haben oder deinen Lebensmotiven dienen, welche früheren Erfahrungen du damit verbindest und natürlich spielen die Facetten deiner Persönlichkeit eine wichtige Rolle. Dazu gleich mehr.

Grundbedürfnisse: Generell als »positiv« ordnen die Jury-Neuronen alles ein, was unser Überleben sichert. Solange ein Reiz unsere Bedürfnisse wie Hunger, Durst oder Schlafen stillen kann, ist er immer gut. Passiert etwas, was uns diese Dinge abspenstig macht, bekommt es das Etikett »negativ«!

Unbekanntes: Unser Gehirn assoziiert Neues mit Gutem. Es hat Freude daran, Unbekanntes zu entdecken und sich überraschen zu lassen. Alles, was längst bekannt und damit langweilig ist, lässt uns tendenziell kalt.

Lebensmotive: Ebenfalls positiv ist alles, was unsere Lebensmotive befriedigt. Was ihnen entgegenwirkt, ist entsprechend negativ behaftet. Neuropsychologen nennen drei Grundmotive: Anschluss, Macht und Leistung.

Menschen, die nach *Anschluss*, nach sozialer Nähe, nach Geborgenheit, nach Freundschaft und Zuneigung streben, genießen die Gesellschaft anderer, fügen sich in Gemeinschaften ein, strahlen Vertrauen, Wärme und Gegenseitigkeit aus und können auch mal allein sein, solange sie das Gefühl haben, dazuzugehören. Sie sind allein, aber nicht einsam. Menschen die allerdings eher Furcht vor dem Verlust von Anschluss, vor Zurückweisung und Nichtbeachtung oder dem Ende enger sozialer Beziehungen haben, laufen Gefahr, anderen mit ihrem Bedürfnis nach Nähe und ständigem Zuspruch auf die Nerven zu gehen. Damit erreichen sie das Gegenteil von dem, was sie sich wünschen: Andere Menschen halten Abstand von der »Klette«.

Wer nach *Macht* strebt, der möchte gern Einfluss nehmen auf Situationen und auf andere Personen, auf ihre körperlichen Zustände, ihre Gedanken und Emotionen. Machtmotivierte

Menschen empfinden soziale Wirksamkeit, persönliche Stärke, Überlegenheit, Dominanz und Kontrolle. Das alles kann aber auch in sozial positiv bewertete Handlungen münden, also in hilfsbereites Verhalten, ehrenamtliches Engagement, Gestaltungsfreude und das Erleben von autonomer Freiheit.[20] Stark machtmotivierte Menschen meiden Situationen, in denen sie keinen Einfluss ausüben können oder ihrerseits dem Einfluss anderer unterliegen. Als besonders unangenehm empfinden sie solche Situationen, in denen sie Schwäche und Wirkungslosigkeit erleben. Das Machtmotiv geht oft einher mit der Furcht vor dem Machtverlust.

Menschen, die *leistungsmotiviert* sind, wollen die Dinge gut oder besser machen, haben Spaß an Wettbewerb, wollen andere (oder auch sich selbst) übertreffen, wollen schwierige Aufgaben meistern und hohe Standards schaffen. Sie wollen etwas Neues anfangen, Dinge erobern, Hindernisse überwinden, sich selbst beweisen und – wenn sie auch eine Nähe zum Machtmotiv haben – den Status erhöhen. Das Leistungsmotiv ist mit Neugier gekoppelt. Mit diesem Motiv tritt – ähnlich wie beim Machtmotiv – auch die Angst vor dem Versagen auf.

Erfahrungen: Vor allem deine bisherigen Erfahrungen und deine damit verbundenen Emotionen sind ein wichtiges Kriterium für die Bewertung von Reizen. Alle Erfahrungen, die wir im Mutterleib, bei der Geburt und in unserem bisherigen Leben gemacht haben, gebildet aus Erziehung, Glaubenssätzen oder Überzeugungen, werfen die Juroren in die Waagschale.

Erinnerst du dich noch an deine Kindheit und die Erwartungen deiner Eltern? Sollte dein Zimmer immer ordentlich sein? Wurden von dir gute Noten erwartet? Ordentliche Kleidung? Saubere Fingernägel? Hast du die Forderungen deiner Eltern erfüllt und kannst du dich noch erinnern, *warum* du folgsam warst? Hast du eine Belohnung bekommen, wenn du den Erwartungen deiner Eltern entsprochen hast? Ein Lob? Ein Gummibärchen? Ein Spielzeug? Fünf Euro für jede Schulnote »1«? Oder hast du gespurt, weil du Angst vor einer Bestrafung hattest? Vor Zimmerarrest? Vor lautstarken Schimpfkanonaden? Oder davor, von einer »enttäuschten« Mutter ignoriert und wie Luft behandelt zu werden? Oder von einem herablassenden Vater als »unbrauchbar« und Taugenichts abgekanzelt zu werden? Oder hast du die Erwartungen deiner Eltern erfüllt, weil sie dir sonst eine frühere Belohnung wieder weggenommen hätten? Fünf Tage keine Playstation? Eine Woche kein Fernsehen? Einen Monat kein Skateboard?

Als Kinder waren wir brav, weil wir eine Belohnung erwartet haben, weil wir eine Bestrafung vermeiden wollten oder weil wir Angst davor hatten, dass uns eine Belohnung wieder weggenommen wird. Auch heute als Erwachsene funktionieren wir immer noch nach diesen Mechanismen.

Was macht dich fügsam: Belohnung oder Bestrafung?

Belohnung, Lustgewinn, Bestrafung – das klingt in vielen Ohren erstmal schräg. Vor allem wenn du es mit Menschen zu tun hast, die sehr rational und analytisch auf die Welt blicken, dann meinen sie häufig, sie seien absolut nicht »lustgesteuert«, sondern höchst vernünftig. Sie würden nichts »aus dem Bauch heraus« tun, sondern immer mit dem Verstand agieren. Sie hätten keine Angst vor »Bestrafung«, schließlich seien sie erwachsene, reflektierte und sachliche Menschen.

Aktuelle neurowissenschaftliche Untersuchungen zeigen allerdings ganz klar, dass sie sich da irren! Unser emotionales System springt in 200 Millisekunden auf innere und äußere Reize an. Es löst emsige synaptische und biochemische Aktivitäten aus – da liegt der Verstand gefühlt noch im Tiefschlaf. Erlebst du etwas Schönes, das du als »Belohnung« empfindest, dann schüttet dein Körper seinen Glückscocktail aus. Hast du Angst vor Bestrafung flutet sich dein System mit dem Schmerzcocktail. Seit deinen ersten Lebenswochen hat sich die Biochemie in dir auf dieses Spiel eingependelt, und zuverlässig reagieren wir auf bestimmte Reize wie der berühmte »Pawlowsche Hund«.

Wir sind Kinder der Konditionierung

1905 kam der russische Forscher Iwan Petrowitsch Pawlow auf die Idee, Hunde zu füttern, die naturbedingt mit Speichelfluss auf das dargebotene Futter reagierten. Anschließend spielte er zeitgleich zur Fütterung einen Glockenton ab. Und siehe da: Nach ein paar Tagen fingen die Hunde schon an zu sabbern, wenn sie den Glockenton hörten, obwohl von Futter weit und breit nichts zu sehen war.

Pawlow bezeichnete dieses Phänomen als »Konditionierung«: Aus einem Reiz der Glocke, der ursprünglich für die Hunde völlig neutral war, wurde ein »konditionierter« Reiz, der eine Reaktion (Speichelfluss) auslöste. Eine ähnliche Erkenntnis machte Pawlow erneut im Jahr 1927: als er einen Hund beobachtete, der sich nach einer Morphiumspritze regelmäßig übergeben musste, spritzte er ihm lediglich eine wirkungslose Kochsalzlösung. Resultat: Der Hund erbrach sich ebenfalls und das war die Geburtsstunde der Placebo-/Nocebo-Forschung.

Jahre später griff der US-amerikanische Psychologe Burrhus F. Skinner die Pawlowschen Erkenntnisse auf. Er baute eine kleine, leere Beobachtungskammer (Skinner-Box), in der Ratten einen Hebel drücken konnten und dafür mit Futter belohnt wurden. Schnell lernten die Nager diesen Zusammenhang und drückten verstärkt den Hebel, um an das Futter zu kommen (Belohnungslernen). In weiteren Experimenten erhielten sie statt Futter einen Stromschlag (Bestrafung), und verloren das Interesse am Hebel.

»Operante Konditionierung« nannte Skinner dieses Verhalten, das auch uns Menschen im Blut steckt. Wir tun alles dafür, um »Futter« zu bekommen, um unser Überleben zu sichern, und vermeiden so gut es geht alles, was uns Schmerzen bereitet oder was uns unser »Futter« wieder wegnimmt. Konkret bringen uns andere Menschen oder Unternehmen dazu, uns so zu verhalten wie sie es gern hätten, weil wir …

- ◇ eine Belohnung erwarten (positive Konditionierung, Lustgewinn).
- ◇ eine schnell einsetzende und spürbare Strafe verhindern wollen (Bestrafung, Schmerzvermeidung).
- ◇ eine Belohnung wiedererlangen wollen (Belohnungsentzug).
- ◇ eine negative Situation beenden wollen (negative Konditionierung; Vermeidungslernen).

Klar sind es heute nicht mehr primäre Verstärker wie das Mammut oder die Beeren, nach denen wir trachten, um unser Überleben zu sichern. Längst haben gelernte (sekundäre) Verstärker wie Lob, Beachtung, Boni, Geschenke, der Firmenwagen oder Gehaltserhöhungen uns zu einem bestimmten Verhalten konditioniert. Wir haben gelernt, dass ein erwünschtes Verhalten uns eine Belohnung bringt oder hilft, diese zu behalten. Wir wissen, dass folgsam sein, eine Bestrafung vermeidet. Wir haben verinnerlicht, dass unerwünschtes Verhalten uns Schmerzen bereitet, weil wir etwas Negatives erleben oder etwas uns Liebes verlieren. Also tun wir instinktiv häufig alles, um drohende Strafen zu vermeiden – auch wenn wir uns dabei maßlos über uns selbst ärgern: Wer (unbewusst) Angst davor hat, seinen Arbeitsplatz zu verlieren, der sagt noch zur zehnten Aufgabe: »Mach ich!«, – auch wenn Kopf und Kalender schon komplett voll sind. Wer (unbewusst) Angst hat, nicht mehr von seinen Freunden akzeptiert zu sein, der macht die Kneipentour mit – auch wenn am nächsten Tag ein wichtiger Termin ansteht, für den er topfit sein sollte. Wer Bedenken hat, etwas zu verpassen, wenn er nicht ständig online ist und jede Chatnachricht liest, der wird das Smartphone nicht so einfach aus der Hand legen können.

Emotionen sind nicht diskutierbar

Dein Gehirn hat also abgespeichert, was *dir persönlich* gute oder schlechte Gefühle macht, wann *du* hirneigene Opioide oder den Schmerzcocktail ausschüttest. Mein Gehirn oder das Gehirn deines Partners, deiner Kinder, deiner Mutter, deines Vaters, deiner Geschwister, deiner Nachbarin, deiner Chefin oder deines Kollegen hat ganz andere Bewertungskriterien angelegt und deshalb ganz andere Emotionen abgespeichert.

Aus diesem Grund können wir Emotionen auch nicht diskutieren, im Sinne von »das empfindest du falsch!« Den einen machen gute Gespräche mit netten Menschen glücklich, während den anderen das perfekte Programmieren einer Excel-Tabelle mit Freude erfüllt. Die eine erlebt einen Höhenflug und Lustgewinn, wenn sie an der Fassade eines Wolkenkratzers House-Running macht, während der nächste schon eine Panikattacke bekommt, bei dem Gedanken oben auf einem Hochhaus zu stehen. Im Kopf des einen werden Glücksbotenstoffe aktiv, wenn er in Ruhe ein gutes Buch lesen kann, während beim anderen das Lesen zu einer der schrecklichsten Kindheitserinnerungen zählt und er bereits beim Anblick eines Buches erhöhten Puls erlebt und Lesen als Bestrafung empfindet.

Freiheit dank kleiner Lücke zwischen Reiz und Reaktion

Unsere Empfindungen sind, wie sie sind. Dennoch sind wir ihnen nicht hilflos ausgeliefert: Wir können, solange wir leben, frühere Situationen und unser bisheriges Verhalten neu bewerten und entsprechend unserem heutigen Willen unser Benehmen ändern. Wir können uns die Auslöser und unsere bisherigen Reaktionen bewusst anschauen (mindsight gewinnen) und uns neue, passendere Reaktionen aneignen. Seriöse Hypnose oder Coaching-Interventionen setzen bei so einer Neubewertung an und ebnen damit den Weg zu echtem freien Handeln.

Auch für Stresssitutionen können wir uns Notfalltechniken antrainieren, die uns zwischen Reiz und impulsiver Reaktion einen Zeitraum verschaffen, um unseren Verstand anzuschalten und unsere Handlung jeweils neu zu wählen (mehr dazu im Kapitel »Wie Stress das Hirn ausknipst«).

Denn auch wenn unser Unbewusstes unsere Gefühle und unsere Handlungen steuert (Bottom-up-Prinzip), so gibt es auch einen »Gegenverkehr« (Top-down-Mechanismus), bei dem der »vernünftige« Teil unseres Gehirns »Einspruch!« in die Tiefen des neuronalen Systems funken kann.[21] Unser Vernunft- und Handlungszentrum im Frontalhirn kann uns helfen, Impulse zu zügeln und Emotionen zu kontrollieren. Wenn du einen Wutanfall unterdrücken kannst und nicht mit Sachen um dich wirfst, wenn du dich an Regeln von Ethik und Moral hältst und dem nervigen Nachbarn nicht den Stinkefinger zeigst, wenn du im größten Stress noch angemessen reagieren kannst, dann hat dein Top-down-Mechanismus die Regie übernommen. Bei Jugendlichen wächst und reift dieser vernünftige Teil des Gehirns noch, weshalb wir »Jugendsünden« begehen und uns Jahre später über das nicht verheilende Nasenpiercing oder das prominent platzierte Hals-Tattoo ärgern.

Im Top-down-Mechanismus liegt unsere Freiheit für ein neues Verhalten, mit dem du deinen Kopf wirklich frei bekommen kannst. Doch dazu ist es notwendig, dass du erkennst, aus welcher emotionalen Ecke du bislang der Reizüberflutung erlegen bist, welche »Belohnung« oder welchen »Schmerz« dein bisheriges Verhalten unbewusst geprägt haben. Nur mit einem klaren Blick auf bislang unbewusst ablaufende Automatismen, kannst du den Autopiloten abstellen. Und diesen Blick verschaffen wir uns jetzt.

Entdecke die Belohnpower deiner Persönlichkeit

Viele Psychologen und Neurowissenschaftler betrachten heute unser Belohnungssystem als ein wichtiges Element unserer Persönlichkeit. Sie können damit gut erklären, warum unser Temperament quasi der unsichtbare Superheld unseres Verhaltens ist und mehr Einfluss auf unser Tun oder Nicht-Tun hat, als wir denken. Es ist gut wissenschaftlich belegt, dass manche Persönlichkeitstypen Aufgaben erledigen, weil sie eher für Belohnungen empfänglich sind (Lustgewinn), andere packen an, weil sie eher auf Bestrafung reagieren (Schmerzvermeidung). Wer sich näher mit den Facetten der eigenen Persönlichkeit beschäftigt, der versteht plötzlich sehr gut, warum er sich auf eine bestimmte Art verhält, und kann damit die bislang unentdeckte Superkraft nutzen. Deshalb sind Analysetools so wertvoll, die unsere Ecken und Kanten sichtbar machen. Wir erleben uns in unserer wundervollen Individualität und können endlich aufhören, uns an Nullachtfünfzehn-Methoden abzuarbeiten.

Schon Hippokrates, der griechische Arzt aus dem fünften Jahrhundert, versuchte, anhand biologischer Merkmale menschliches Verhalten zu kategorisieren und damit erklärbar zu machen. Er leitete aus einem Zuviel oder Zuwenig an Blut, gelber oder schwarzer Galle und Schleim die vier Temperamentstypen Sanguiniker (kontaktfreudig, sozial, risikofreudig), Phlegmatiker (entspannt, friedlich, gelassen), Choleriker (zupackend, entschlossen, zielorientiert) und Melancholiker (nachdenklich, introvertiert, ängstlich) ab. Im Ayurveda, der traditionellen indischen Heilkunst, spricht man von den drei

Lebensenergien (»Doshas«) Vata, Pita und Kapha. Auf der Grundlage von über 200 000 Hirnscans leitete der amerikanische Arzt Daniel Amen fünf primäre Gehirntypen ab: Ausgeglichen, spontan, beharrlich, sensibel und vorsichtig[22].

Der US-amerikanische Forscher Ned Hermann entwarf in den 1980er-Jahren auf Grundlage der Neurowissenschaften eine Denkstil-Typenlehre und das Vier-Quadranten-Modell des Gehirns[23]. Mittels Fragebögen wird herauskristallisiert, dass jeder von uns Regionen des Gehirns unterschiedlich nutzt und wir entsprechend unterschiedliche Arten entwickeln, zu denken, wahrzunehmen, zu entscheiden oder zu kommunizieren. Metaphorisch ausgedrückt dominiert dann das rationale Ich (rationale, logische, analytische Denkpräferenz) das organisatorische Ich (strukturiert und organisiert vorgehend, detaillierter Denkstil), das fühlende Ich (emotional, mitfühlend, mitteilsam) oder das experimentelle Ich (konzeptionelles, einfallsreiches, ganzheitliches Denken).

Sei der Wind und nicht das Fähnchen

Auch wenn ich als Freigeist kein »Schubladendenken« mag, weil wir Menschen viel zu facettenreich sind, um uns in Kategorien stecken zu lassen, so sind einige Tools gut geeignet, um stark vereinfachend unsere »Hirnvorlieben« und damit unsere komplexen Charakterzüge sichtbar zu machen. Das erleichtert es im nächsten Schritt, sinnvolle Strategien zu entwickeln für unser individuelles Zeit- und Selbstmanagement, für unsere ganz persönlichen »Kopf frei, Hirn an«-Strategien. Wer weiß, wie er »tickt«, kann schneller und überzeugter Prioritäten setzen, kann sehr viel klarer entscheiden, wo er beruflich und privat Erfüllung finden will, kann im eigenen Leben der kraftvolle Wind sein, statt das reaktive Fähnchen.

Seit meinen ersten Stunden als Mentorin, Tutorin und später als Trainerin und Coachin war ich fasziniert von den

Unterschieden unserer Persönlichkeiten. Der Kern meiner Arbeit war entsprechend auch, zunächst den Denkstil und die Arbeitspräferenz eines Menschen genauer anzuschauen, bevor wir über Lösungen nachdachten. Ich weigerte mich, etablierte Nullachtfünfzehn-Methoden zu trainieren, weil ich selbst an den herkömmlichen Erfolgstipps wie »Definiere ein Ziel nach der SMART-Formel (spezifisch, messbar, attraktiv, realistisch, terminiert)!«, »Mache einen Plan!«, »Definiere Deadlines und Milestones!«, »Arbeite alles diszipliniert ab!« grandios gescheitert war. Die Listen und Pläne halfen mir nicht, das tägliche Chaos in den Griff zu bekommen. Stattdessen stellte sich diese Art der Selbst-Organisation für mich als Stress pur und zusätzlicher Zeitfresser dar. Ich entwickelte daraufhin einen neuen Selbstmanagement-Ansatz für »kreative Chaoten« mit individuellen Wegen zum Ziel, der mittlerweile in der Weiterbildung breit etabliert ist.

Immer mehr Menschen wissen heute, dass es Unfug ist, uns alle über einen Kamm zu scheren, und dass wir nur gute Ergebnisse erhalten, wenn wir die Individualität der Menschen berücksichtigen. Warum diese Sichtweise so erfolgreich ist, liegt auf der Hand: Können wir etwas tun, das unseren Präferenzen, unserem Denkstil entspricht, dann schüttet unser Belohnungssystem den Glückscocktail aus. Wir brauchen uns also nicht zu knechten, um unsere Ziele und Wünsche zu erreichen, sondern surfen auf einer Motivationswelle.

Kreativer Chaot oder Systematiker? Entdecke deine persönliche Turbo-Kraft

Dein individueller Denkstil, mit seinen ganz individuellen Anforderungen, wann der Glückscocktail und wann der Schmerzcocktail ausgeschüttet wird, bringt dein Belohnungssystem in Fahrt und macht deinen Kopf voll: Alles, was dich happy macht, willst du wieder tun (Lustgewinn). Alles, was dich stresst, beschäftigt ebenfalls dein Gehirn, weil du dir Sorgen machst, Entscheidungen fällen musst oder Stress erlebst (Schmerzvermeidung).

Je besser du deinen Denkstil kennst (siehe Brainhack 7, Seite 88), desto besser kannst du einerseits Stressfaktoren, andererseits aber auch deine glücksstiftenden Aktivitäten erkennen und damit gezielt deine Biochemie und dein Wohlbefinden beeinflussen.

Grob vereinfacht ausgedrückt können wir in zwei unterschiedlichen Denkstilwelten zu Hause sein:

- ◇ Auf der einen Seite haben wir die systematisch-analytischen Macher, die strukturiert vorgehen wollen, die gern akribisch planen und sich an die Pläne halten wollen. Hierzu zählen Denkstiltypen wie »Marc Macher«, der gern Dinge vorantreibt und Gas gibt, »Ottmar Ordentlich«, der Routinen und Ordnung mag, sowie »Dr. Annaliese Logisch«, die sehr rational ist und viel Wert auf Daten, Zahlen und Fakten legt.
- ◇ Auf der anderen Seite haben wir die kreativen Chaoten, die offen für Neues und für Menschen sind und für die Abwechslung ein Lebenselixier ist. Zu ihnen zählen Denkstiltypen wie »Wanda Wills-Wissen«, die es liebt neue Dinge zu lernen und Wissen aufzusaugen, »Igor Ideenreich«, der überall Chancen und Möglichkeiten sieht und am liebsten alles, was ihm vor die Füße fällt ausprobieren will, sowie »Hanny Herzlich«, die häufig als empathische Unterstützerin die eigenen Bedürfnisse unter den Tisch fallen lässt zugunsten anderer Menschen.

Je nachdem, wie wir »ticken« – und auch wie unser Alltag tickt – brauchen wir andere Methoden und Wege zum persönlichen Glück und Erfolg. Dabei gibt es kein Richtig oder Falsch, kein Gut oder Schlecht – es gibt nur ein Anders.

Denn Fakt ist: Je nachdem in welcher Präferenzwelt wir überwiegend zuhause sind, wirkt sich das darauf aus, was uns begeistert, was uns glücklich macht, was unser Belohnungssystem in Schwung bringt. Für jeden von uns ist – allein auf Basis unseres Denkstils – der Weg zu einem glücklichen Leben und zur Glückscocktail-Ausschüttung völlig individuell.

Ein systematischer-analytischer Macher will sein Leben planen, erstellt gern Fünf-Jahres-Pläne mit Deadlines und Milestones, während ein kreativer Chaot das pralle Leben erst einmal entdecken will und das Leben als eine Blumenwiese voller Möglichkeiten sieht. Er will nicht »planen«, was er in fünf Jahren macht – woher soll er auch wissen, was ihn da interessiert?

Während die systematischen Macher hervorragend mit klassischem Zeitmanagement klarkommen (Listen erstellen, Prioritäten vergeben, abarbeiten) ähneln die To-do-Listen der kreativen Chaoten einem mehrseitigen Brainstorming, weil ihnen so viele Dinge einfallen, die sich machen könnten. Hier Prioritäten vergeben? Oder es schaffen, die Listen abzuarbeiten? Vergiss es!

Bereits bei Kindern können wir sehr deutliche Unterschiede in der Herangehensweise an Aufgaben und Herausforderungen sehen. Kommen wir in die Schule, dann wird uns das deutsche systematische Schulsystem übergestülpt. Bist du von Natur aus eher der Systematiker, dann wirst du dich in diesem System wohlfühlen. Bist du aber eher der kreative Chaot, dann eckst du sehr schnell an, langweilst dich womöglich in den festen Strukturen und – wenn du Pech hast – fängst du an, dich zu verbiegen, dich passend zu machen.

Das kostet auf Dauer Kraft und macht langfristig unglücklich. Andersherum sind es heute in den agilen Organisationsformen der Unternehmen die Systematiker, die anfangen, sich unwohl zu fühlen, weil ihnen die festen Strukturen fehlen. Unternehmen, die sich »agil« organisieren verzichten weitgehend auf Hierarchien, lassen die Mitarbeitenden viel selbst entscheiden und alle mitdiskutieren, verzichten auf langfristige Planungen zugunsten kurzer Umsetzungsphasen (»Sprints«).

Während den kreativen Chaoten diese Art zu arbeiten quasi im Blut liegt, kann die Arbeit 4.0 die Systematiker echt in die Knie zwingen.

Motivation von innen fördern

Alles, was du aus einem inneren Antrieb tust oder unterlässt (intrinsische Motivation), hat eine deutlich höhere Wirkung auf dein Belohnungssystem, als Anreize von außen. Dein Organismus schüttet aus eigener Kraft körpereigene Opioide aus, weil die Handlung per se für dich eine Belohnung ist. Wer Spaß am Lesen hat, der braucht keine Gummibärchen zur Belohnung, wenn das Buch zu Ende ist. Wer Freude beim Rasenmähen, beim Kochen, beim Wandern, beim Putzen, beim Mitarbeiterführen hat, der braucht keine Geschenke oder Boni, um es wieder und wieder zu machen. Die Tätigkeit ist Belohnung genug!

Natürlich kann es auch dann passieren, dass dir einzelne Tätigkeiten irgendwann mal fade werden. Gerade wenn du eher von deiner Persönlichkeit zu den kreativen Chaoten zählst. In diesem Fall ist es Gold wert, dass du als erwachsener Mensch Gestalter, Gestalterin deines Lebens bist. Du selbst kannst die Herausforderungen erhöhen, du selbst kannst eine neue Mischung aus Challenge und Erfolg kreieren, du selbst kannst deinen Einflussbereich erweitern.

Extrinsische Motivatoren (Boni, Gummibärchen, goldene Sternchen) haben nur eine kurze Halbwertszeit und machen sehr häufig sogar einen vorhandenen inneren Antrieb kaputt. Ja, richtig gelesen: Studien belegen immer wieder, dass Belohnungen von außen Motivation zerstören. Der Psychiater Edward Deci bat beispielsweise einige Freiwillige darum, 30 Minuten mit dem Holzpuzzle »Soma« zu spielen. Manchen versprach er zu Beginn eine finanzielle Belohnung, wenn sie das Puzzle fertig stellten, während er den anderen keinen

Anreiz anbot. Nach der vereinbarten Zeit verließ Deci unter einem Vorwand den Raum und ließ die Teilnehmer zehn Minuten allein. In dieser Zeit konnten sie entweder weiter Soma spielen, in ausliegenden Zeitschriften lesen oder einfach nur warten. Ihr nun folgendes Verhalten beobachtete Deci heimlich – und stellte danach Belohnungen als Anreizmodell grundsätzlich infrage. Denn der landläufigen Meinung folgend, dass Geld ein klarer Anreiz sei für eine bestimmte Tätigkeit, hätte man jetzt erwarten können, dass die mit Geld belohnten Spieler sich weiter dem Puzzle widmen, während die anderen sich gelangweilt abwenden würden. Das Gegenteil war der Fall! Diejenigen Teilnehmer, denen keine Belohnung angeboten worden war, spielten weitaus häufiger mit dem Puzzle weiter, nachdem Deci den Raum verlassen hatte.

Der Grund: Bekommen wir Geld oder eine andere Belohnung, dann meinen wir unbewusst: »Ich bekomme eine Belohnung, also kann mir das ja wohl keinen Spaß machen, was ich dort tue.« Steht eine Belohnung überhaupt nicht zur Debatte, dann widmen wir uns der Aufgabe, weil wir es wirklich *wollen*.[24]

Bonussysteme: Der verzwickte Versuch, uns mit Möhren zu locken, während wir nach dem Keks suchen

Vielleicht verstehst du an dieser Stelle, warum Bonussysteme zur Mitarbeitermotivation oder materielle Geschenke an deine Kinder zur Lernmotivation häufig nicht den gewünschten Effekt erzielen. Wer beispielsweise nach dem Grundmotiv »sozialer Anschluss« strebt, auf den hat ein Einkaufsgutschein soviel Motivationskraft wie die Aussicht auf ein saftiges Steak für einen Veganer. Stattdessen würdest du mit wertschätzenden Worten, Lob und Anerkennung sehr viel mehr erreichen. Bei einer Mitarbeiterin oder einem Kind mit einem ausgeprägten Machtmotiv hingegen sind mehr Verantwortung, eine Führungsrolle oder anderweitiger Gestaltungsfreiraum genau das, was deren Nucleus accumbens attraktiv finden würde.

Küchenpsychologie? Keine Chance gegen Dopamin!

Du fragst dich: Warum erzählt mir Cordula all das mit der Konditionierung, der Schmerzvermeidung, dem Lustgewinn und den Persönlichkeitstypen? Ganz einfach: Du liest dieses Buch, weil du das Gefühl hast, den Kopf einfach viel zu voll zu haben. Weil die Flut an offenen To-dos dich schier erschlägt, weil die Reizüberflutung alle Synapsen sprengt, weil dein Gedankenkarussell nie stoppt und das Chaos im Kopf dein Hirn vernebelt?

Ich könnte doch ganz einfach sagen: Dann lass doch dein Smartphone mal drei Tage aus! Sag Nein zu all den vielen Aufträgen! Dann sag deinen Freunden doch freundlich den Kneipenabend ab! Fokussier dich doch mal auf *eine* Aufgabe, anstatt auf fünf Hochzeiten gleichzeitig zu tanzen. Kennst du so wohlmeinende Ratschläge? Von Eltern, Freundinnen und selbsternannten Küchenpsychologen? Die so einfach klingen, aber doch nicht wirken?

Kein Wunder! Solche Tipps wirken nicht, weil sie die grundsätzlichen Mechanismen in unserem Gehirn vernachlässigen. Wenn du es aushalten könntest, das Smartphone abzuschalten, Nein zu sagen oder dich zu fokussieren, dann würdest du all diese feinen Dinge umsetzen, oder? Aber du tust sie nicht, weil sie deiner innersten Motivation nach Schmerzvermeidung oder Lustgewinn entgegenstehen. Diese »einfachen« Tipps verursachen dir Schmerzen oder rauben dir Lustgefühle. Selbst wenn der Verstand sagt: »Mach es doch einfach!«, so hat er gegen die Akteure in unserem Motivations- und Belohnungssystem keine Chance.

Es ist das Bewertungssystem der Teams von Amygdala, Nucleus accumbens und Co., das uns dazu treibt, Dinge und Handlungen *zu wiederholen,* die zur »Belohnung« führen, und Dinge und Handlungen *zu vermeiden*, die zur »Bestrafung« führten.

Unser Belohnungssystem ist der ausschlaggebende Trigger, warum wir unsere Köpfe so voll haben. Je mehr belohnenden Aktivitäten wir nachgehen wollen oder je mehr »Schmerzsituationen« wir zu verkraften haben (in Form von Konflikten, Sorgen, Ängsten, anstehenden Entscheidungen), desto mehr Signale fluten ständig auf die Gatekeeper an den Eingangstoren unserer Brain AG, desto mehr Reize dringen in unser Bewusstsein vor und desto mehr Baustellen haben wir dann jeden Tag, um die wir uns kümmern müssen.

Motivation dank Dopamin

Der Nucleus accumbens und vor allem der Neurotransmitter Dopamin sind die Dreh- und Angelpunkte für unsere Motivation, schöne Erlebnisse zu wiederholen. Sie werden wach, wenn Glücksgefühle – ausgelöst durch Oxytocin, Serotonin oder Endorphin – unseren Körper fluten und uns dazu bringen sollen, diese glücksbringenden Dinge wieder zu tun. Sie verstärken diejenigen Verhaltensmuster, die wir als Belohnung empfinden und sind verantwortlich, dass wir unsere Handlungen planen sowie zielstrebig auf neue Belohnungen hinarbeiten.

Beispiel: Du hast einen Vortrag gehalten und der lief großartig. Die Zuschauer klatschen begeistert, lachen, loben dich danach. Die Erinnerung an die erlebte Euphorie löst eine Dopaminwelle aus, auf der dein Nucleus accumbens begeistert surft, und er ruft deinem Planungs- und Handlungszentrum zu: »Sorge dafür, dass ich das wieder erleben kann!«

Dopamin und Nucleus accumbens treiben uns an, weil wir *erwarten*, eine Belohnung zu erhalten. Es ist die *Aussicht* auf Applaus, die dich wieder auf die Vortragsbühne treibt. Die Belohnungserwartung – und nicht die Belohnung an sich – treibt uns dazu, aktiv zu werden. Wir wissen noch gar nicht, ob wir wirklich etwas Tolles erleben werden, aber die *Erwartung,* es könnte etwas Tolles sein, lässt uns handeln.

Je größer die an ein Ereignis gekoppelte Erwartung ist, desto mehr Dopamin schüttet unser Körper aus und desto motivierter werden wir darauf hinarbeiten, dieses Ziel zu erreichen. Dopamin aktiviert uns psychisch und weckt unsere Neugier, verbunden mit der Aufforderung: »Probiere es doch mal aus!« Aus diesem Grund lieben kreativ-chaotische Menschen mehr als andere den »Reiz des Neuen« und verlieren bei Gewohnheiten die Lust, weil der Reiz des Neuen nachlässt.

Das im Volksmund fälschlicherweise als »Glückshormon« bezeichnete Dopamin macht uns also nicht per se happy, sondern es weckt die Vorfreude, macht Lust auf weitere positive Erfahrungen und gibt uns damit den nötigen Tritt in den Allerwertesten, damit wir das Notwendige tun, um erneut unsere Belohnung zu erhalten.

Achtung Dopaminfalle »Schneller Kick!«

Dopamin ist wichtig, damit wir auch größere Ziele in unserem Leben in Angriff nehmen. Ohne Dopamin verspüren wir keinen Antrieb, ohne Dopamin bleibt unser Planungs- und Handlungsareal im Gehirn im Dämmerzustand.

Leider haben wir aber an dieser Stelle ein Problem: Unser Nucleus accumbens ist sehr ungeduldig! Unser Belohnungssystem liebt den schnell verfügbaren Kick – und das kann dich von deinen langfristigen Zielen abbringen.

Probiere einmal Folgendes: Blicke jetzt bitte in die Ferne. Was siehst du? Bilder an der Wand, Bücher im Regal, Berge, Häuser, Bäume? Was haben alle diese Dinge miteinander zu tun? Ganz einfach: Um ihnen körperlich näher zu kommen,

Viel Unfug über Dopamin

Der Transmitter Dopamin hat in den letzten Jahren einen Rummel ohnegleichen ausgelöst. Unzählige Hersteller von Nahrungsergänzungsmitteln werben mit fantasievollen Produktnamen, die Dopamin suggerieren, dass ihre Produkte die Produktion des »Glückshormons« steigern könnten, wir damit beruflich erfolgreicher würden, besser lernen und uns mehr merken könnten, sportlicher würden, den Brainfog vertreiben, abnehmen, Stress reduzieren und sogar länger leben könnten. Eine Wirkung ist bei den meisten aufgelisteten Inhaltsstoffen allerdings unwahrscheinlich.

Ausnahme: Selbst wenn am Ende nur Pfefferminzöl und ein wenig grüne Mangoblätter in den »wissenschaftlich erprobten« Softkapseln sind und du 18 Euro für 30 Kapseln zahlst, solange du fest daran glaubst, dass diese Nahrungsergänzungsmittel deinen Antrieb stärken und deinen Brainfog vertreiben, dann hat der Placebo-Effekt seine Wirkung getan, und das ist ja auch etwas Feines.

Medizinisch wird der Wirkstoff Dopamin tatsächlich eingesetzt. Beispielsweise bei drohenden Schockzuständen wie Herzversagen oder auch in der Behandlung der Parkinson-Krankheit, bei der die Patienten L-Dopa einnehmen, um Zittern oder Lähmungen in Schach zu halten. Für einen gesunden Menschen macht es aber überhaupt keinen Sinn, Antriebslosigkeit mit Dopamingaben (L-Dopa) begegnen zu wollen. Wirf besser dein körpereigenes Biochemie-Kraftwerk an, damit dein Körper genau die Neurotransmitter herstellt, die du für ein ausgeglichenes Seelenleben, für mehr Tatkraft und Energie brauchst.

musst du entscheiden, planen, motorische Kraft aufbringen. Sie befinden sich entfernt von dir, sind nicht leicht erreichbar. Anders die Teetasse, die vielleicht gerade vor dir steht. Ohne viel Aufwand kannst du sie erreichen.

Genauso ist es in unserem Leben: Wir haben Wünsche und Ziele, die uns in einer vagen Zukunft einen Glückskick verschaffen könnten. Um diesen fernen Kick zu erleben müssten wir jetzt planen und beginnen, den Plan umzusetzen. Doch leider lauern auf dem Weg zu unseren großen Zielen viele kleine Verführungen – die uns meist sehr viel schneller einen Glückskick verschaffen, als das Ziel in ferner Zukunft.

- ◇ »Eigentlich« willst du für dein Fernstudium lernen, aber die Freunde feiern Sonntagnachmittag eine Grillparty?
- ◇ »Eigentlich« willst du abnehmen, aber die kleine Tüte Chips würde dich jetzt echt glücklich machen?

Im Dilemma zwischen sofortiger oder späterer Belohnung entscheidet sich unser Nucleus accumbens für »Jetzt!« – und wir gehen zu den Freunden oder greifen nach den Chips.

Wir streben nach sofortiger »Gewinnmitnahme« – und das sogar, wenn der Gewinn in der Zukunft sehr viel größer ausfallen würde. Probanden, denen man beispielsweise »24 Euro jetzt sofort« oder »66 Euro in einer Woche« anbot, entschieden sich für die 24 Euro jetzt sofort – obwohl die Verzinsung des Wartens enorm wäre[25]. »Unser Gehirn belohnt stärker, was zeitlich näher liegt und wertet in der Zukunft liegende Gewinne ab«, fasst Neurowissenschaftler Thomas Münte von der Uni Lübeck unser Verhalten zusammen[26].

Wenn wir etwas wollen, dann wollen wir es gleich!

Nur wenn wir es schaffen, unsere Fähigkeit zum Warten auf die Belohnung (Belohnungsaufschub) zu stärken, wenn wir mit Willenskraft auf den sofortigen Kick verzichten, um langfristig ein viel schöneres Erlebnis zu bekommen, dann könnten wir dieser Falle entgehen.

Leider ist es dabei keine große Hilfe, dass wir heute in einer Welt leben, in der wir unsere Begierden sofort befriedigen können. Lust auf Zucker, Zocken, Chatten oder Glotzen? Essen, Ausgehen, Einkaufen, Reisen? Egal welches Verlangen uns überkommt, wir können es schnell befriedigen. Da unser Nucleus accumbens ein kleiner Nimmersatt ist, hat die ständige Verfügbarkeit von sozialen Kontakten, Essen, Waren, Informationen, Content oder Erlebnissen in den letzten Jahren dazu geführt, dass wir unser Verlangen auch immer schneller stillen.

Wir haben verlernt zu warten. Wir haben verlernt, Vorfreude zu genießen. Wir haben verlernt, uns zu langweilen. Wir haben verlernt, einfach einmal unbeschäftigt zu sein.

Eine Studie der Uni Würzburg stellte fest, dass Männer, die allein in einem Raum warten mussten, nach 21 Sekunden nach dem Handy griffen, Frauen nach 57 Sekunden.[27] Egal ob es der Griff nach dem Handy oder nach einer der in Wartezimmern ausliegenden Zeitschriften ist – für mich ist diese Studie ein Beleg dafür, dass wir schnell Zerstreuung suchen und nicht mehr mit uns allein sein können. Wir nehmen uns selbst die Zeit weg, einfach einmal unseren Gedanken nachzuhängen, Tag-zu-träumen, ein Nickerchen zu machen. Wir gieren nach Ablenkung und dem schnellen Hirn-Chemie-Kick.

Das beginnt bereits im Kleinkind-Alter. Wurden viele Kinder meiner 1969er-Generation vor dem Fernseher »geparkt«, wenn ihnen langweilig war und sie die Eltern nicht nerven sollten, so machen Tablet und Co. die Dauerbespaßung heute noch sehr viel einfacher. Ist dir schon mal aufgefallen, wie viele Kleinkinder im Restaurant hinter ihrem Teller ein Smartphone oder Tablet stehen haben, auf dem ein Comicfilm läuft? Abwesend lassen sie sich dann das Essen in den Mund schieben, oder schlagen den Löffel weg, weil die Elternhand den Blick auf den Film verdeckt. Anstatt zu lernen, das Essen mit allen Sinnen wahrzunehmen und zu genießen, wird Multitasking

Digitales Dauerfeuer schürt das Kopf-voll-Gefühl.

antrainiert. Dass die Kinder irgendwann gar nicht mehr ohne ablenkende Reize essen werden, ist vorprogrammiert.

Besonders in den digitalen Welten können wir schnell zwischen allen möglichen Angeboten wechseln, was jedes Mal die Vorfreude auf den nächsten spannenden Post, das nächste lustige Video, die nächste News schürt und damit permanent die Produktion von Dopamin aktiviert – die Wissenschaft hat es gezeigt. Jeder neue Kick hält uns am Gerät und bringt uns dazu, von einem Content zum nächsten zu springen. Unser Dopaminkarussell nimmt Fahrt auf, die direkt in eine Online- oder Social-Media-Sucht führen kann. Kein Wunder, dass Smartphones von Experten heute auch als »Slot Machines«, also als Spielautomaten bezeichnet werden – es ist schwer, beim Daddeln ein Ende zu finden.

Natürlich kann es sein, dass deine Vernunft mahnend den Zeigefinger hebt und sagt: »Nein, mache es nicht!«, aber oft ist unser Nucleus accumbens so laut und selbstbewusst, dass wir uns fügen. Es ist, als wäre er eine Art »Belohnungsknopf« im Kopf, der uns steuert – ob wir wollen oder nicht.

Der »Belohnungsknopf« im Kopf

Und tatsächlich: 1954 entdeckten die US-Forscher James Olds und Peter Milner vom California Institute of Technology eher zufällig bei Versuchen mit Laborratten, dass wir mit dem Nucleus accumbens eine Art Knopf im Kopf haben, der uns ein Verhalten immer wieder ausüben lässt – selbst wenn es ein völlig blödsinniges Verhalten ist.[28] Sie pflanzten Ratten dünne Elektroden ins Gehirn, die leichte elektrische Ströme am Nucleus accumbens abgaben, sobald die Tiere eigenständig einen bestimmten Hebel im Käfig drückten. Alleingelassen mit dem Apparat, stimulierten die Tiere nach zwei bis fünf Minuten Lernzeit das eigene Gehirn regelmäßig etwa alle fünf Sekunden.[29] Offenbar empfanden die Ratten die elektrische Selbststimulation als angenehm, als Belohnung, und drückten den Hebel wieder und wieder – bis zur absoluten Erschöpfung. Das im Käfig liegende Futter ließen sie links liegen. Der Glückshebel war attraktiver als fressen oder trinken.

Der »Belohnungsknopf« in der Medizin

Heute wird die Entdeckung des Belohnungszentrums gezielt genutzt, um Krankheiten oder Süchte zu therapieren. Die »Tiefe Hirnstimulation« (THS) hilft beispielsweise Parkinsonpatienten, bei denen keine medikamentöse Behandlung mehr wirkt. Sie bekommen kleine Elektroden im Gehirn eingesetzt, die – ähnlich wie ein Herzschrittmacher – auf die betroffenen neuronalen Regelkreise einwirken und die Lähmung der Muskulatur verhindern. THS hat sich auch bewährt bei Depressionen, krankhaftem Übergewicht oder bei Alkoholkrankheit, wenn kein Entzugsprogramm mehr hilft.

Kommt dir das Verhalten der Ratten im Käfig bekannt vor? Weil du dich auch immer wieder dabei ertappst, wie du stundenlang klickst, wischst, switchst, scrollst und einfach kein Ende findest? Jetzt lehnst du dich zurück und sagst: »Ich kann also gar nichts ändern an meinem ›Kopf voll, Hirn leer!‹ Es sind einfach die neurobiologischen Systeme und mein Belohnungsknopf, die mich steuern!« Nein, du kannst etwas verändern!

Denn Mutter Natur hat uns wie bereits erwähnt nicht willenlos diesen Vorgängen überlassen, sondern ein Areal im vorderen Teil unseres Gehirns (im präfrontalen Cortex) angelegt, in dem wir bewusst agieren und Handlungen planen können. Wir können unsere Fähigkeit zum sogenannten Belohnungsaufschub trainieren. Vor allem wenn wir erkannt haben, welcher innere Automatismus, aber auch welche äußeren Manipulationen uns in ein nicht mehr erwünschtes Verhalten reintreiben. Vorhang auf!

Infoflut und Social Media: Die unwiderstehlichen Verführer

Zu den größten Glückshormon- und Dopaminauslösern zählen heute Informationsflut und die Inhalte der sozialen Medien. Du erinnerst dich: Unser Gehirn ist glücklich, wenn es neue Impulse bekommt, wenn es lernen kann, unterhalten und gefordert wird. Die Digitalisierung und der damit einhergehende nie abreißende Strom an ständig neuem Content ist deshalb für unser Gehirn wie Weihnachten und Ostern an einem Tag. Rund um die Uhr stehen uns News aus dem sozialen Netzwerk zur Verfügung. Rein technisch findet unser Nucleus accumbens nur einen Mausklick oder einen Fingertipp entfernt sein nächstes Eldorado, permanent werden körpereigene Glücksdrogen ausgeschüttet. Es ist, als machten die digitalen Inhalte dich zum Junkie im Dauer-High – da fällt es vielen Menschen schwer, sich zu entziehen.

Erinnerst du dich außerdem, was wir im vorigen Kapitel zum Thema »Reizüberflutung« gesagt haben? Dass deine offene Haltung gegenüber Pushnachrichten, eingehenden E-Mails oder Newsfeeds eine ganz normale, zutiefst menschliche Haltung ist? Ich hatte dir versprochen, wenn du das Kapitel zum Belohnungssystem gelesen hast, dann können wir auch größere Veränderungen in deinem Leben in Angriff nehmen, um dich vor der Reizüberflutung zu beschützen und auf Dauer deinen Kopf freizubekommen. Jetzt ist es soweit!

Schon Steinzeitmenschen waren Infojunkies!

Vor einigen Jahren entdeckten Forscher, dass *Informationen* eine biochemische Kaskade im Belohnungssystem unseres

Gehirns auslösen[30], und konnten dies auf den Überlebensdrang unserer Ahnen zurückführen. Denn indirekt sicherten bei den Neandertalern Informationen das Überleben: Wer wusste, wo die reifen Früchte wachsen oder wo Bienen einen Bienenstock haben, der hatte ausreichend zu essen. Sie mussten zwangsläufig Informationsjunkies sein, um jederzeit und sofort die neuesten Essensquellen zu kennen. Neue Informationen stellten eine Art Belohnung dar. Seit Jahrtausenden wurden wir Menschen also prima konditioniert und dieses eingespielte Reiz-Reaktions-Muster funktioniert auch heute noch.

Seit der Steinzeit auf Infos konditioniert

Ohne die richtigen Informationen kein Überleben – das galt bereits bei unseren frühen Vorfahren. Unsere steinzeitliche Lernkette war:

Neue Nachricht → gute Nachricht, wo Essen ist → Aussicht auf Essen → Dopaminausschüttung → Jagen gehen → Essen bekommen → Essen → Ausschüttung von Serotonin

Da es uns in die Wiege gelegt wurde, immer up to date sein zu müssen, ist es kein Wunder, dass wir impulshaft sofort nach dem Smartphone greifen, wenn ein Brummen oder Blinken den Eingang einer neuen Nachricht signalisiert[31] – auch wenn wir das vom Verstand her überhaupt nicht mehr wollen, weil wir uns mittlerweile mehr wie Sklaven unserer Geräte fühlen, und nicht so sehr wie deren Nutzer.

Mittlerweile sind wir schon wie der Pawlowsche Hund und die Skinner-Ratten: Wir fangen bei akustischen oder optischen Signalen an zu »Sabbern« und wollen uns einfach immer nur die Belohnung – die neue Nachricht – holen.

Von der Neugier zum Nervenzusammenbruch ist nur ein schmaler Grat

Leider hat die Glücks-Kick-Medaille eine Kehrseite: Zunehmend berichten Wissenschaftler von Erschöpfungszuständen, Angstattacken und Depressionen – entstanden aufgrund des munteren Treibens in der digitalen Welt. Studien haben eindrücklich gezeigt, dass die Signaltöne oder optischen Hinweise eingehender Nachrichten (Mail, WhatsApp, Pushnachricht einer App) bei vielen Menschen auch die Stresshormone Cortisol, Adrenalin und Noradrenalin aktivieren und die Kampf-und-Flucht-Reaktion in Gang setzen.[32] Manche Menschen berichten von Herzrasen, wenn eine neue Nachricht im Display erscheint, und leiden am Druck, schnellstmöglich antworten zu müssen. Viele haben Angst, etwas Interessantes zu verpassen (»Fear of missing out«, kurz »FOMO«). 62 Prozent der Frauen fühlen sich zum elektronischen Stand-by gezwungen, um jederzeit für Freunde und Familie erreichbar zu sein.[33] Andere hatten bereits handfeste Streitereien, wenn sie nicht umgehend geantwortet hatten.

Ein Coachingklient erzählte jüngst, welche Erleichterungswelle durch seinen Körper strömte, als im Urlaub sein Smartphone ins Wasser fiel, und sein »Stand-by-Zwang« zumindest für drei Wochen ein Ende hatte.

Wie bizarr, oder? Unser Körper hat Stressreaktionen entwickelt, um aus Gefahrensituationen zu entkommen! Nicht um auf Pushschlagzeilen wie »Prinz Harry weint!« oder eine WhatsApp mit »Ich mache mir jetzt Nudeln!« zu reagieren. »Das Leben war viel einfacher als ›Apple‹ und ›Blackberry‹ einfach nur Früchte waren«, sagt der norwegische Musiker Aleksander With.[34] Wie recht er hat.

Unsere innere Alarmbereitschaft wächst und wächst. Ständig kannst du irgendwo irgendetwas beantworten, und der Zufluss reißt nicht ab. Das Handy als Tor zur Welt zertrümmert den Tag in tausend Fragmente und ballert uns unzählige To-dos auf die To-do-Liste. Viele Menschen würden gegenüber ihren privaten Mails, ihren Nachrichten aus sozialen Medien oder neuerdings sogar gegenüber Streamingserien eine Haltung entwickeln, die eher an Arbeit erinnert, meint der Psychiater Bert te Wildt: »Wenn etwa unbedingt noch die Kommentare zu einem Post durchgesehen und beantwortet werden müssen oder jemand noch drei Folgen der letzten Staffel ›weggucken muss‹ [dann entwickeln wir] scheinbar von selbst im Umgang mit diesen Programmen und Medien oft ein verqueres Pflichtgefühl.«[35] Der Schritt zur Sucht ist dann nur ein kleiner.

Pushdienste und Newsfeeds: Wie sie unsere Hirnchemie dazu bringen, nach Neuigkeiten zu schnüffeln

Die Erwartung von aufregenden Neuigkeiten oder zumindest die Hoffnung, Ärger zu vermeiden, lässt uns also alle einströmenden News öffnen und konsumieren. Wen wundert es, dass Newsfeeds, soziale Medien, Streamingdienste oder Blogs sich unsere Neugier und unsere FOMO zunutze machen und elegant mit den Mechanismen unserer Hirnchemie spielen, damit wir immer wieder kommen und am besten endlos konsumieren. Ihr Ziel ist klar: Je öfter und je länger wir auf einer Seite, einer Plattform, bleiben, desto häufiger können sie uns Werbung einspielen oder auf eigene Angebote hinweisen.

Die Content-Ersteller (Unternehmen, Influencer) lernen spannende Teaser zu machen, die für neuronale Glücks- oder Schmerzcocktails sorgen, uns also bildhaft ständig mit der Karotte vor der Nase herumwedeln oder mit der Peitsche traktieren. Sie triggern mal unser Belohnungs-, mal unser Bestrafungszentrum. Denn es wäre doch furchtbar, genau den ultimativen Tipp zu verpassen, mit dem du ein sechsstelliges Monatseinkommen erzielen kannst, ohne zu arbeiten, nur weil du die Story, die morgen weg ist, nicht gesehen hast. Zeitlich limitiert verfügbarer Content zwingt dich zum häufigen Wiederkommen.

Algorithmen kitzeln den Nucleus accumbens

Bist du wieder an Bord, dann sorgen die neurowissenschaftlich und psychologisch versierten IT-Experten der Plattformen mit top-aktuellen und sorgsam gepflegten Algorithmen dafür, dass dir in deiner Lieblings-App immer genau die Beiträge angezeigt werden, die dich interessieren. Aufbauend darauf, wem du folgst, wie lange du bei einem Beitrag verweilst, was du likst oder was du sogar kommentierst (die höchste Währung in der virtuellen Welt!) zimmern sie dir genau die Welt, die dir gefällt. Zusätzlich zu den Accounts, denen du aktiv folgst, spielen sie Katzenliebhabern besonders viele Katzenbeiträge oder Pferdeliebhabern Posts aus der Pferdewelt zu. Sportliche Menschen sehen Sportbeiträge, Aktien-Interessierte Anlagetipps, Ernährungsbewusste Rezeptvorschläge, Formel-1-Fans Motorsportstorys – und natürlich dann auch die passenden Anzeigen dazu.

Vom Suppenschüsseleffekt gepackt: Wie uns die heiße Brühe der nachlaufenden News verführt

Das alles würde dich aber noch nicht *dauerhaft* im Newsfeed halten. Vielleicht hast du dich schon mal darüber gewundert, dass du länger in den sozialen Medien unterwegs bist, als du eigentlich willst? Das Geheimnis, warum uns diese Dienste so fesseln, liegt im sogenannten Empty-Bowl-Prinzip, auch Bottomless-Bowl-Prinzip genannt.

Was ist dieses Prinzip? Brian Wansink, Professor und Forscher in den Bereichen Verbraucherverhalten und Marktforschung in den USA, wollte 2005 wissen, ob die Menge einer dargebotenen Speise einen Einfluss darauf hat, wie viel wir tatsächlich essen. Sein Team lud 54 Probanden ein, servierte Tomatensuppe und bat sie, so lange zu essen, bis sie satt seien.

Einem Teil der Probanden servierten die Forscher einen normalen Suppenteller. Die anderen saßen (unwissentlich) vor einer Konstruktion, bei der durch einen Schlauch und ein kleines Loch im Tellerboden immer wieder Suppe nachlief, während die Probanden löffelten und löffelten, bis sie irgendwann sagten: »Ich kann nicht mehr!«

Die Auswertung der verzehrten Suppenmenge beider Gruppen zeigte, dass die Gruppe, deren Suppenschale automatisch nachgefüllt wurden, 73 Prozent mehr aßen, als die Vergleichsgruppe. Allerdings glaubten sie nicht, dass sie mehr konsumiert hatten, und sie empfanden sich auch nicht als satter als diejenigen, die aus normalen Tellern gegessen hatten.[36]

Auch wenn die wissenschaftliche Seriosität Wansinks derzeit bezweifelt wird und ihm die Cornell University 2018 seine Forschungs- und Lehrtätigkeit entzog[37], scheint der Suppenschüsseleffekt doch glaubwürdig: Je mehr wir auf dem Teller haben, desto mehr essen wir.

Genau diesen nachlaufenden Suppenschüsseleffekt nutzen Newsfeeds oder Streamingdienste: Du kannst scrollen und scrollen und scrollen, du kommst nie an den Boden des Newsfeeds, du kommst nie an den Grund der Suppenschüssel – und das hält dich am Futtertrog. Die nächste spannende Info, das nächste tolle Video oder attraktive Bild ist immer schon zu sehen, der nächste schnelle Glückskick nur einen Daumenbreit entfernt – und das hält dich im Feed.

Den Suppenschüsseleffekt erleben viele von uns auch, wenn es um ihre Mails geht, um Chatnachrichten in Business-Tools wie MS Teams oder Slack oder um ihre Chatverläufe von WhatsApp, Signal, Telegram, Threema und Co.: Da ständig irgendeinem Menschen auf diesem Planeten etwas einfällt, das er mit dir und anderen teilen will, reißen die eingehenden Nachrichten niemals ab. Bist du heute (noch) derart geprägt und sozialisiert, dass du dem Belohnungseffekt eingehender Nachrichten auf dem Leim gehst, oder vermeiden willst, dass du etwas verpasst, dann ist es kein Wunder, dass du nicht »off« gehst.

Die Zukunft ist connected

In Zukunft wird es sogar noch schwieriger werden, sich der digitalen Dauerdröhnung zu entziehen! Denn um zukunftsfähig zu sein, bauen Länder, Städte und Gemeinden gerade massiv ihre digitale Vernetzung – auch Hyperkonnektivität genannt – aus. Immer mehr Menschen und Objekte kommunizieren digital miteinander, und die Vernetzung von Mensch-zu-Mensch, Mensch-zu-Maschine (via Künstliche Intelligenz wie ChatGPT) sowie Maschine-zu-Maschine wird drastisch zunehmen. Ob Mobilfunknetz 5G, Satelliteninternet »Starlink« oder virtuellen Realitäten wie »Metaverse« und Co. – in Zukunft werden die Möglichkeiten der Digitalisierung noch mehr Auswirkungen auf alle Lebens- und Arbeitsbereiche, auf alle Bevölkerungsschichten und alle Altersgruppen haben.

Musst du heute noch zumindest dein Smartphone in die Hand nehmen oder dich an den Rechner setzen, um »on« zu sein, so verschmelzen virtuelle und physische Realität zunehmend. In Zukunft könnten auf deine Brillengläser Daten eingespielt werden (wie Namen der Menschen, denen du begegnest, Bestell-Links zu Dingen, die du siehst oder Zusatzinformationen zu soeben erhaltenen Infos). Dein Kühlschrank bestellt Lebensmittel automatisch nach, die du gerade entnommen hast. Statt selbst nach Paris zu reisen setzt du einfach deine VR-Brille auf und bummelst unterm Eiffelturm durch. Und statt selbst mit deiner Mutter zu telefonieren werden KI-gesteuerte Avatare sich unterhalten. Leidest du heute bereits unter dem Drang permanent »angeschlossen« zu sein, so wird die bunte Welt der digitalen Zukunft dir das nicht leichter machen.

Happy oder traurig? Weißt du welche Macht ein Like über dich hat?

Vor allem Menschen, die *aktiv* in den sozialen Medien unterwegs sind, heizen mit News aus ihrem Alltag ihr Dopaminsystem so richtig hoch. Zum einen weil sie auf Instagram und Co. zwei urmenschliche Bedürfnisse befriedigen – die Kommunikationslust und den Drang nach sozialer Anerkennung. Zum anderen, weil die Feedbacks ihrer Follower jedes Mal positive Vibes in ihnen auslösen und damit den Glückscocktail aus Endorphinen, Oxytocin und Serotonin ausschütten.

Forscher der Freien Universität Berlin zeigten mit Hirnscans, dass Kommentare, Likes, Retweets, Herzchen und alle Formen des positiven Feedbacks auf Selfies, Textbeiträge oder Videos bei den Content-Erstellern ähnliche Belohnungsmechanismen aktivieren, wie wir sie beim Essen, beim Glücksspielgewinn oder Sex erleben.[38] Kein Wunder, dass der Nucleus accumbens ständig ruft: »Machs nochmal!«, und viele private Blogger und Contentkreatoren geradezu versessen darauf sind, zu posten, um von anderen gelobt zu werden.

Jüngsten Statistiken zufolge leiden weltweit über 210 Millionen Menschen an einer Social-Media-Sucht und hängen an den Feedbacks wie Alkoholiker an der Flasche. Die Symptome: Süchtige verbringt übermäßig viel Zeit in sozialen Medien, fühlen sich ängstlich oder reizbar, wenn sie keine sozialen Medien nutzen, vernachlässigen andere Aktivitäten oder analoge Beziehungen.[39]

In den USA sehen sich Studien zufolge rund 70 Prozent der Teenager und jungen Erwachsenen als süchtig. Selbst beim

Autofahren lassen dort 55 Prozent der Fahrer nicht die Finger vom Handy und checken ihre Accounts.[40]

So füttern uns soziale Plattformen mit virtuellen Leckerli an

Viele Menschen sind also regelrecht versessen auf die Hochglanzwelt der sozialen Medien – auch deshalb, weil die Anbieter von Facebook, Instagram, Tiktok und Co. genau wissen, wie wir ticken, und wie sie uns mit virtuellen Leckerli zu treuen Gefährten machen können.

Zuverlässig schürt dein Gehirn bei einem von dir neu veröffentlichten Beitrag die Vorfreude auf die Reaktion, auf die »Belohnung«. Von den tatsächlichen Reaktionen hängt ab, ob du dem virtuellen Treiben treu bleibst oder dich enttäuscht oder gelangweilt abwendest.

Szenario Nummer 1: Die Erwartung wird übererfüllt

Das Feedback auf deinen Beitrag war besser als erwartet? Deine Freunde, Fans und Follower haben fleißig Likes verteilt und kommentiert? Dann läuft dein Nucleus accumbens zur Hochform auf und wird immer wieder rufen: »Mach es wieder! Besorge mir wieder den Kick!« Resultat: Du wirst erneut hochmotiviert alles dafür tun, dass sich diese Situation, dieses Erlebnis wiederholt.

Szenario Nummer 2: Die Erwartung wird erfüllt

War das Feedback, das Ergebnis, genauso, wie du es erwartet hast, dann ist dein Nucleus accumbens eher enttäuscht und sagt: »Ach, ich brauche mich künftig nicht wahnsinnig anstrengen, so prickelnd ist es gar nicht!« Resultat: Deine Motivation, das Gleiche wieder zu erleben, ist eher verhalten. Künftig bleibst du lieber in deiner Komfortzone, als dich für das bisschen Belohnung anzustrengen.

Konkret bedeutet das, dass wir uns auch an Belohnungen gewöhnen, vor allem wenn sie regelmäßig und in gleicher Qualität kommen. Spiele mit gleichbleibenden Prämien werden den Spielern schnell langweilig. Wenn du weißt, dass nach jedem Level drei Taler auf dein virtuelles Konto kommen, dann verliert das Spiel seinen Reiz. Wenn es jedoch unsicher ist, ob und welche Belohnung du bekommst, dann triggert das deinen Spieltrieb an – dein Nucleus accumbens bleibt wach und aktiv. Aus diesem Grund wachsen Social-Media-Kanäle zu Beginn exponentiell schnell, denn dein Account wird anderen Menschen vorgeschlagen, damit du schnell neue Follower bekommst. Dann stagnieren die Followerzahlen, um dich *ein bisschen* zu enttäuschen – und genau damit zu motivieren, noch aktiver zu posten und aktiver auch die Beiträge der anderen zu liken, zu kommentieren, zu teilen. Je engagierter du auf Beiträge anderer Menschen reagierst, desto mehr profitiert auch dein eigener Kanal.

Spiele-Apps schaffen auf diese Weise einen Suchtfaktor. Ihr Geheimnis, mit dem sie uns »anfüttern« nennt sich »intermittierende Verstärkung«. Dabei erhalten die Spieler zunächst in sehr dichter Folge kleine Belohnungen, die später weniger werden und *unregelmäßig* oder nach einem vorab festgelegten Schema kommen. Beispielsweise bei jedem zweiten oder fünften Versuch. Unser Gehirn liebt diesen Thrill – und verhindert, dass wir aussteigen.

Szenario Nummer 3: Die Erwartung wird wiederholt enttäuscht

Dein Foto vom Sonnenuntergang auf der Akropolis hat bei Weitem nicht so viele Herzchen bekommen wie frühere Beiträge? Keiner deiner Follower hat einen Kommentar geschrieben? Und auch der süße Hund in den Gassen von Santorini verschwindet drei Stunden später ungeliked im Feed?

Dann feuern in deinem Gehirn die »Enttäuschungsneuronen« und dein Nucleus accumbens wird sich aufs Sofa legen. Motivation für ein neues Posting? Null! Im Gegenteil! In der oben erwähnten US-Studie gaben 43 Prozent der Teenager an, negative Gefühle zu empfinden, wenn ihre Beiträge in den sozialen Medien nur wenig Beachtung finden.

Solche negativen Gefühle beeinflussen dein weiteres Verhalten: Ist die soziale Interaktion in der virtuellen Welt für dich unglaublich wichtig, dann wirst du deine Anstrengungen hochfahren, um wieder positive Reaktionen zu bekommen. Leider übernehmen dann aber die Stresshormone das Ruder: Statt Entspannung in den sozialen Medien zu finden, löst dein Treiben den Schmerzcocktail aus, beschert dir zusätzliche Verpflichtungen und erhöht deinen Stresspegel. Wäge ab, ob du bereit bist, diesen »Preis« für deine Social-Media-Aktivitäten zu zahlen.

War der Ausflug in die sozialen Medien für dich nur ein nettes Experiment, und hast du genug Freunde in der »echten« Welt, mit denen du dich triffst und von denen du Wertschätzung bekommst, dann wirst du dich entspannt zurücklehnen und deinen Ausflug in die sozialen Medien ad acta legen.

Dopamindetox: absurder Hype oder sinnvolle »Gehirnwäsche«?

Auch wenn wir Enttäuschungen nicht mögen, für unsere Gesundheit sind sie Gold wert. Denn um dauerhaft motiviert und psychisch gesund zu bleiben, ist es wichtig, dass sich der Dopaminspiegel regelmäßig wieder senkt. Menschen mit einem beständigen Dopaminüberschuss nehmen ihre Umwelt nämlich hyperintensiv wahr, verlieren die Fähigkeit zwischen wichtigen und unwichtigen Empfindungen zu unterscheiden, bekommen Schlafprobleme und können zu Wahnvorstellungen, manischem Verhalten bis hin zu Psychosen und Schizophrenie neigen.

Pfuschen wir unserem Körper nicht ins Handwerk, dann senkt sich der Dopaminspiegel von ganz allein: Nach einer gewissen Zeit nimmt die Ursprungszelle das Dopamin wieder auf, und die Wirkung endet.

Vor allem beim Rauchen sorgt die *schnelle* Anflutung von Dopamin im Nervensystem dafür, dass Sekunden nach dem ersten Lungenzug ein Kick entsteht, der als belohnend empfunden wird. Wir erkennen das am glückseligen Gesichtsausdruck des Rauchers nach dem ersten Zug, oft begleitet von einem wohlig-befreienden Seufzer. Baut es sich dann ab, kommt der Suchtdruck – wir greifen nach der nächsten Zigarette, um wieder einen Kick zu erleben.

Wir sehnen uns nach dem Kick!

Aus diesem Grund helfen Nikotinpflaster, die den Nikotinspiegel im Körper dauerhaft hochhalten, nicht, um von der

Sucht loszukommen. Denn sie sorgen zwar für einen konstant hohen Nikotinspiegel im Körper und verhindern damit, dass der Raucher sich nach Nikotin sehnt. Doch dem Raucher fehlt der *spürbare Kick* durch das schnelle Anfluten und damit der geliebte Belohnungs-Kick-Effekt.[41]

Du kannst dir also vorstellen, dass es für unser Glücksempfinden und unsere Motivation nicht hilfreich wäre, wenn wir im Dopamin-Dauer-High wären. Jeden Tag Weihnachten wird auch fade! Es ist das Auf und Ab der Gefühle, das uns lebendig sein lässt – und das ist gut so! Ein menschliches Leben besteht immer aus Hochs und Tiefs, aus Sonnen- und aus Regentagen. Wir leben nicht in einem rosaroten Märchenschloss, sondern in der Realität. So wie die Nacht auf den Tag folgt, der Winter auf den Herbst oder der Abschied auf das Ankommen, so erlebt jeder und jede von uns auch Krisen, belastende Herausforderungen und unwillkommene Veränderungen. Schicksalsschläge, Krankheiten, Todesfälle, Kündigungen, Ärger, Konflikte und schlaflose Nächte. Ja, wir sind ab und an in einem tiefen Tal aus Frust, Sorgen und Ängsten, aber wenn wir uns da herausboxen, dann belohnt unser Körper unseren Durchhaltewillen und Kampfgeist mit der Ausschüttung körpereigener Opioide. Ohne Anstrengung hätten wir uns selbst um den Glückskick gebracht.

Bist du dopaminübersättigt und deshalb down?

Bei manchen Menschen ist das Dopaminsystem allerdings bereits so hochgeheizt, dass sie in immer kürzeren Abständen nach dem nächsten Kick streben. Aber damit haben sie unter Umständen eine derart hohe Grundsättigung an Dopamin, dass der ersehnte *spürbare* Kick ausbleibt. Trotz freudespendender Aktivitäten fühlen sie sich unglücklich, spüren keine Lust, keine Motivation mehr. Es ist, als hätten sie ein Nikotinpflaster aufgeklebt, das ihr Level konstant hält, anstatt mit einzelnen Zigaretten den Kick zu spüren. Weil wir viele unserer Bedürfnisse sofort befriedigen können, haben wir die Fähigkeit zum »Belohnungsaufschub« verlernt.

Aber – zum Glück – können wir uns alles, was wir verlernt haben, wieder antrainieren. In den USA hat sich dazu vor einigen Jahren ein Trend etabliert, der »Dopamindetox« oder »Dopaminfasten« heißt. Exzessiv (bemerke den Witz dahinter!) stürzten sich Hollywoodstars darauf, sich alles zu verbieten, was Spaß macht. Unzählige Youtuber lassen uns seitdem an ihren persönlichen Detoxkuren teilhaben und versprechen magische Erfolge, wenn wir ihren Tipps folgen. So suggerieren ihre Beiträge schon auf den Thumbnails, dass wir – wenn wir nur konsequent mitmachen – plötzlich vom Smartphone-Monster zum Buchleser werden oder vom Pommesjunkie zum Apfelesser. Manchen selbsternannten Experten zufolge gilt es, wochenlang auf Medienkonsum, soziale Medien, Fast Food, ja sogar auf Musik, persönliche Treffen oder Reden mit anderen Menschen oder auch auf Sex, Waldspaziergänge oder überhaupt auf Essen zu verzichten. Dann würde sich unser Gehirn »entgiften« und erholen.

Was für ein Blödsinn! So war es vom Initiator des Trends, dem Psychologen Cameron Sepah der kalifornischen UCSF School of Medicine auch nie gedacht, als er 2019 seinen Artikel »Dopamine Fasting 2.0« verfasste. Wenige Wochen später nahm er in einem ausführlichen LinkedIn-Beitrag[42] Stellung zu dem, was die Medien aus seinem Beitrag gemacht hatten und stellte klar, um was es wirklich geht[43]: Es gehe eben nicht darum, das Hormon Dopamin zu fasten, sondern *impulsives Verhalten auf ein Level zu reduzieren*, das uns individuell guttue.

Allein Situationen oder Handlungen, die Dopaminkicks auslösen, zu verringern reiche aus, um uns wieder auf ein gesundes Level zu bringen – und das in einem überschaubaren Zeitrahmen. Denn so wie der Pawlowsche Hund gelernt hatte, bei einem Ton zu sabbern, so zeigte sich schon damals in den

Studien, dass dieses Verhalten wie ausgelöscht war, wenn die Konditionierung längere Zeit nicht mehr stattgefunden hatte. War eine Konditionierung sehr stabil, dann sorgten Wiederholungen nach einem Zeitabstand zwar wieder für die gleichen Reaktionen, aber diese waren ungleich schwächer.

Wir können also unsere Konditionierung löschen, wenn wir unser Verhalten bewusst reflektieren und uns bewusst einige Zeit nicht mehr unbesonnen den Reizen aussetzen, die uns zu einem Verhalten bringen, das uns nervt.

Kompletter Verzicht auf alles, was Spaß macht, ist definitiv nicht der richtige Weg: Da sind sich viele Experten einig. Wer erst einem Dopaminkick nach dem anderen nachjagt, neigt unter Umstände dann auch dazu, es mit dem Dopaminfasten zu übertreiben. Eine Sucht löst dann die andere ab! Je nach persönlicher Veranlagung besteht außerdem die Gefahr, in eine depressive Phase zu rutschen.

Florian Lienau, Chefarzt der neurologischen Klinik am Marienkrankenhaus in Hamburg erkennt sogar eine absurde Komponente in dieser Art des Fastens: Menschen, die mehrere Tage Dopaminfasten hinter sich haben, würden danach ein »High« erleben – einfach weil sie durchgehalten haben. So würde das Prinzip ad absurdum geführt.[44]

Bring dein Dopaminsystem wieder in Schwung

Vielleicht ist bei dir aber genau das Gegenteil der oben geschilderten Dopaminsättigung der Fall! Du hast den Kopf so voll, weil du einen Berg an Aufgaben vor dir herschiebst und einfach nicht in die Puschen kommst? Dann kann es sein, dass dein Dopaminhaushalt auf Sparflamme kocht. Doch ohne Dopamin kommen wir nicht aus dem Quark. Das sind dann genau diese Tage, an denen du stundenlang Dinge vor dir herschiebst und dich danach noch weniger magst als davor. Du hast einfach keinen Antrieb, die wirklich wichtigen Dinge anzupacken, stattdessen topfst du deine Pflanzen um, räumst im Schneckentempo die Spülmaschine aus, schiebst Zeitschriftenstapel von links nach rechts, klickst lustlos durchs Internet und wirst immer missmutiger.

Um dich aus der Lethargie des »Ich schaffe das alles nicht mehr!« zu reißen, wäre jetzt ein liebevoller Tritt in Richtung belohnungsstiftender Aktivitäten hilfreich, die deinen inneren Antrieb wieder wecken. Denn wie vorhin geschildert, speichert unser Gehirn positive emotionale Bewertungen ab. Es merkt sich, dass du happy bist, wenn du eine gute Zeit mit Freunden hast. Es speichert deine Euphorie, wenn du deine Waldrunde non-stop in einer für dich guten Zeit gelaufen bist. Es legt die positiven Gefühle einer durchtanzten Partynacht zuverlässig ab. Solange die Erinnerungen noch frisch sind, haben wir viel von unserem Antriebsstoff Dopamin im Körper. Deshalb sagen wir dann häufig: »Das war echt schön, das sollten wir öfter machen!« Doch meist hat uns dann gleich wieder der Alltag fest im Griff, die körpereigenen Glücksstoffe wie Endorphine, Oxytocin und Serotonin sowie das Tu-es-wieder!-Dopamin bauen sich ab. Ergo fehlt uns der Antrieb, das Ganze tatsächlich zu wiederholen oder etwas anderes von unseren unzähligen To-dos zu erledigen. Der Kopf bleibt voll, die To-do-Liste auch.

In diesem Fall hilft es, dir Aktivitäten, die dir Freude bringen, bewusst in den Kalender zu schreiben oder als neue Gewohnheit zu etablieren – nicht nur um die guten Gefühle zu ernten, sondern vor allem um dein gesamtes System am Laufen zu halten.

Betrachte es wie nötige Wartungsarbeiten am Auto: Du tankst ja auch nicht, weil Tanken so viel Spaß macht, sondern weil anschließend dein Auto fahren kann.

Schaffe für dich also eine Balance zwischen belohnungsstiftenden Aktivitäten und lerne auch, (wieder) eine Durststrecke zu überwinden. Dein Top-down-Mechanismus und die folgenden Brainhacks helfen dir dabei.

Kopf frei! Brainhacks für die richtigen Belohnungen

Brainhack 3: Wecke dein Dopaminsystem

Um dich aus einer möglichen Trägheit des »Ich schaffe das alles nicht mehr!« zu reißen, werfen wir jetzt dein Motivationssystem an und bringen dich ins Tun:

- ◇ Nutze dein Workbook und notiere, wie gut du derzeit deine Bedürfnisse nach Essen, Trinken, Bewegen, Schlafen und Kontakt zu anderen Menschen befriedigst. Kümmerst du dich gut um dich selbst? Wenn ja: weiter so. Wenn nein: Tue heute zumindest für einen kurzen Moment etwas, was dein brennendstes Bedürfnis erfüllt.
- ◇ Schreibe drei Aktivitäten auf, die dich früher happy gemacht haben oder die dich momentan glücklich machen: Ins Museum gehen? Etwas Neues lernen? Tanzen? Freunde treffen? Durch den Wald laufen? Einen Küchenschrank ausmisten? Was könnte auf deinen inneren Antrieb zu Macht, Leistung oder sozialem Anschluss positiv einzahlen?
- ◇ Schreibe drei Aktivitäten auf, die dich als Systematiker oder als kreativer Chaot happy machen.
- ◇ Lege einen Termin fest, wann du *eine* dieser Aktivitäten machen wirst. Wähle einen Termin in den kommenden sieben Tagen – sonst geht die Idee wieder verloren.
- ◇ Willst du dich dazu mit einem Partner verabreden und damit die Umsetzungswahrscheinlichkeit steigern?

◇ Richte dir eine neue Gewohnheit ein: Mache einmal die Woche einen »Termin mit dir selbst«, an dem du etwas aus deiner Notizsammlung unternimmst, das dein Belohnungssystem in Schwung bringt und in Schwung hält.

Brainhack 4: Lösche hinderliche Konditionierungen

Sind es die Infoflut oder deine digitalen Gadgets, die dein Belohnungszentrum stärker antriggern, als dir lieb ist, dann löse dich mit einer der folgenden Sofortmaßnahmen von der Fremdbestimmung und übernimm wieder die Herrschaft über das, was in deinen Kopf reinkommt. Die Vorschläge helfen dir ganz nebenbei auch, deine Fähigkeit zum Belohnungsaufschub zu trainieren – du wirst also auch in anderen Lebensbereichen und bei anderen Dopaminkick-Situationen davon profitieren.

◇ Kaufe dir einen herkömmlichen Wecker. Du verhinderst damit, dass dein letzter Griff am Abend und dein erster Griff am Morgen zum Handy geht.

◇ Trage eine Armbanduhr. Das verhindert, dass du lediglich nach der Uhrzeit schauen willst und in den Bann deiner Apps gerätst.

◇ Erkläre bestimmte Zonen in deiner Wohnung oder an deinem Arbeitsplatz zur gerätefreien Zone. Verbanne digitale Medien vom Esstisch oder aus dem Wohnzimmer und gönn dir erholsame Offline-Räume.

◇ Auch beim Treffen mit Freunden oder beim Spazierengehen kannst du eine Digitaldiät vereinbaren.

◇ Deaktiviere alle Pushbenachrichtigungen (Töne, Vibrationen, Vorschau). Das verhindert den Druck, sofort schauen zu müssen. Entscheide du, wann du nach neuen Nachrichten sehen willst – und lass nicht einen Reflex entscheiden. Oder indirekt die anderen Menschen, die dir in dieser Sekunde etwas schicken.

- Beschränke die Nutzungsdauer einzelner Apps oder Geräte (etwa mit »Forrest« oder »Parent Watch«).
- Deinstalliere alle Apps, die dir wertvolle Zeit stehlen.
- Etabliere Tage, an denen du alle digitalen Medien aus deinem Alltag verbannst, und übe, das zunächst seltsame Gefühl der Leere zu genießen.

Fakten statt Vermutungen

Du bist nicht sicher, wie sehr die digitale Technik dich tatsächlich im Griff hat? Dann verschaffe dir einen ungeschönten Überblick, wie extensiv du deine digitalen Hilfsmittel nutzt. Nutze eine Tracking-App am Smartphone, die registriert, wie lange und wie oft du welche Anwendungen auf dem Handy nutzt. Die meisten Modelle haben solche Apps bereits an Bord und zeigen oft auch, wie häufig wir den Bildschirm entsperrt haben und wie oft und wie lange wir das Handy insgesamt benutzt haben. Mithilfe des »Aktivitätsverlaufs« kannst du auf Windowsrechnern verfolgen, wie du dein Gerät nutzt – welche Apps und Dienste du verwendest, welche Dateien du geöffnet und welche Websites du durchsucht hast. Auf einem Applegerät verfolgst du App- und Gerätenutzung in der Funktion »Bildschirmzeit«. Schau dir die Fakten an – das kann bereits schockierende Aha-Erlebnisse schaffen. Denn unsere Wahrnehmung und die tatsächliche Zeit am Handy oder Rechner liegen meist ganz schön weit auseinander.

Brainhack 5: Beende den Suppenschüsseleffekt

Du kennst jetzt die Methoden, mit denen Newsfeeds und Social-Media-Feeds uns bei der Stange halten – allen voran den »Bottomless-Bowl-Effekt«. Wo du weißt, dass dich ein simpler Suppenschüsseleffekt manipuliert, kannst du ab sofort wieder die Hoheit über dein Verhalten in den (sozialen) Medien übernehmen, oder?

Probiere es aus, ein paar News zu lesen und dann bewusst auszusteigen. Nutze bei Netflix und Co. ab sofort die paar Sekunden, bis die nächste Serien-Episode oder der nächste Film automatisch startet, um schnell den Fernseher auszumachen. Lass dich nicht fremdbestimmen, sondern genieße bewusst, dass du bestimmst!

Brainhack 6: Trainiere den Belohnungsaufschub

Bitte denke einen Moment nach: Wann und wo in deinem Leben hast du Dinge, die dir »eigentlich« wichtig waren unter den Tisch fallen lassen zugunsten eines sofortigen Dopaminkicks? Welche Aktivität hat dir jeweils den Kick verschafft? Nachdem du die Informationen über dein Belohnungssystem gelesen hast – was willst du ab sofort anders machen?

Mache dir klar, dass du Belohnungsaufschub und Verzicht trainieren *willst* – und nicht musst. Nimm es spielerisch, das erhöht deine Chance auf Erfolg.

Dieser Brainhack ist auch eine wundervolle Übung, um deine Willenskraft insgesamt zu trainieren. Wer es schafft, seine Impulse zu kontrollieren, dem stehen großartige längerfristige Möglichkeiten offen.

Brainhack 7: Entdecke deinen Belohnknopf

Finde heraus, wie du »tickst«, und baue weitere Strategien für dein Kopf-frei!-Training auf deiner individuellen Persönlichkeit auf. Während ich im Coaching und im Training wissenschaftlich valide Präferenz- und Denkstil-Analysen einsetze, steht dir hier fürs Buch ein Kurzcheck zur Verfügung, der sechs Persönlichkeitstypen näher beleuchtet. Er zeigt, wann welcher Typ den Glückscocktail und wann den Schmerzcocktail ausschüttet, und liefert individuelle Strategien für ein glückliches Leben. Du findest den Gratis-Check unter https://kreative-chaoten.com/kopf-voll-hirn-leer/ und eine weiterführende Übung in deinem Workbook.

Brainhack 8: Nutze die »So tun als ob«-Strategie

Wenn wir ein gewohntes Verhalten ändern wollen, dann brauchen wir häufig viel Willenskraft, um das Gewünschte zu tun und all die anderen verlockenden Alternativen auszublenden. Eine vielversprechende Strategie, um unsere Willenskraft zu stärken, ist dabei die »So tun als ob«-Strategie. Bei dieser Strategie tust du so, als ob das neue gewünschte Verhalten oder die neue gewünschte Art zu denken bereits in dir vorhanden wäre. Es ist also kein in der Ferne liegendes Ziel, sondern bereits Status quo. Der Trick dabei ist, dass unser Gehirn nicht unterscheiden kann, ob eine Situation tatsächlich vorhanden ist oder ob wir nur darüber nachdenken. Das macht es erheblich leichter, uns so zu verhalten, wie wir es wirklich wollen.

In seinem unterhaltsamen Buch »Machen, nicht denken!«[45] kehrt Autor Richard Wiseman die Ursache-Wirkungskette der bekannten Denktheorien um. Normalerweise denken wir folgendermaßen:

◇ Wir fühlen uns glücklich. → Wir lächeln.

◇ Wir haben Angst. → Wir laufen weg.

Nach der Als-ob-Theorie funktioniert es genau andersherum:

◇ Wir lächeln. → Wir sind glücklich.

◇ Wir rennen weg. → Wir haben Angst.

Vielleicht kennst du den legendären Peanuts-Cartoon, in dem Charles M. Schulz seinen Helden Charlie Brown sagen lässt: »Wenn du deprimiert bist, ist es ungeheuer wichtig, eine ganz bestimmte Haltung einzunehmen … Das Schlimmste, was du tun kannst, ist, aufrecht und erhobenen Hauptes zu stehen, denn dann fühlst du dich sofort besser. Wenn du also etwas von deiner Niedergeschlagenheit haben willst, musst du so stehen.«[46] Unsere Körperhaltung und Mimik beeinflussen und verstärken unsere Stimmung.

Du kannst den »So tun als ob«-Effekt nutzen, um die vorangegangenen Brainhacks noch müheloser umzusetzen. Einfach, indem du ab sofort innerlich davon ausgehst, dass du keine Konditionierung mehr hast, dass das Smartphone dir nicht fehlt. Du denkst ab sofort wie ein freier Mensch. Du verhältst dich ab sofort so, wie dein besseres Ich sich verhalten würde. Denke wie der Mensch, der du sein willst.

Indem du dich in eine andere Denkhaltung versetzt, ist es sehr viel leichter, so zu agieren, wie du willst. Das neue Verhalten ist damit nicht mehr dein anzustrebendes Ziel, sondern bereits erreichter Erfolg.

Wie Stress das Hirn ausknipst

Wenn Adrenalin, Noradrenalin oder Cortisol deinen Körper fluten, dann schaltet schnell mal der Verstand die Lichter aus. Resultat: Hirn leer! Erfahre, was unter Stress in deinem Gehirn passiert, und wie leicht es sein kann, die Achterbahn der Stresshormone in ruhige Bahnen zu lenken und dein Hirn wieder kraftvoll zu nutzen.

Hirn leer?
Ganz schön schlau!

Unser Gehirn ist ein schlaues Kerlchen! Das gilt auch im Stress: Wann immer wir in eine brenzlige Situation kommen, springt unser inneres Stressverarbeitungssystem an, und es laufen bewährte »Überlebensprogramme« ab. Fein justierte Abläufe sorgen in Alarmsituationen dafür, dass wir sprungbereit sind und Bedrohungen entgehen können: Die Nebenniere schüttet das Hormon Noradrenalin aus, das sofort deine Muskelspannung, die Reaktionsbereitschaft und die Aufmerksamkeit erhöht. In Folge wird auch das Hormon Adrenalin ausgeschüttet. Es erhöht deine Atmung und stoppt vorübergehend nicht benötigte Prozesse wie beispielsweise die Verdauung. Adrenalin bildet Glukose und hebt damit den Blutzuckerspiegel. Außerdem steigert es den Fettabbau. So hast du genug Energie für deine nächsten Aktionen zur Verfügung. Die »Stresshormone« machen dich also bereit für den Kampf oder die Flucht.

Bleibt dein Stresspegel hoch, dann stoßen Noradrenalin und Adrenalin ihrerseits eine Kettenreaktion an, bei der deine Nebennierenrinde das Stresshormon Cortisol ausschüttet. Cortisol hilft, den Blutzucker- und Fettsäurespiegel im Blut weiter zu erhöhen und unterstützt unseren Körper, noch mehr Leistung zu vollbringen. Cortisol wirkt außerdem entzündungshemmend und unterdrückt die Arbeit des Immunsystems. Für den Moment ist das sinnvoll, denn du brauchst in einer Stresssituation jede verfügbare Kraft und darfst keine Energie vergeuden, um an einem schnöden Schnupfen zu laborieren.

Cortisol hält uns im Stress gesund

Cortisol hilft unserem Körper, Krankheiten wegzudrücken, solange unser Stresspegel hoch ist. Solange der Druck auf dir lastet, funktionierst du, bleibst gesund. Aber dann kommt das Wochenende oder der lang ersehnte Urlaub, und du wirst krank, bekommst Kopfweh oder Schnupfen. Wie ärgerlich!

Aber biologisch nachvollziehbar: Da Stress die Immunabwehr unterdrückt, sind wir gesund, solange wir unter Druck stehen. Ist die Anspannung vorbei, sinkt in der Entspannung der Cortisolpegel im Blut, dann schickt das Immunsystem seine Abwehrtruppen los – und die Nase fängt an zu laufen. »Leisure Sickness« (»Freizeitkrankheit«) nennen Mediziner dieses Phänomen, das wir verhindern könnten, würden wir sehr viel früher schon anfangen, Stress zu reduzieren. Also am besten schon ein paar Tage vor dem Urlaub das Pensum runterfahren, den Kopf frei machen und die Erholung starten, dann würden wir auch einen gesunden Urlaub erleben.

Cortisol ist lebensnotwenig und schwankt typischerweise im Tagesverlauf. Kurz nach dem Aufwachen ist der Wert am höchsten und bringt uns ins Tun. Deshalb sollten wir Cortisol nicht verteufeln oder versuchen, möglichst wenig davon im Blut zu haben, denn: Ohne Cortisol kein Blutzucker und ohne Blutzucker keine Leistung! Im stressigen Alltag ist es allerdings wichtig, dass wir mit moderater Bewegung (Walken, zügig Spazierengehen) einen überhöhten Cortisolspiegel im Blut wieder senken.

Meldet die Amygdala »Gefahr!«, dann bringt dich der Schmerzcocktail – allen voran Adrenalin und Noradrenalin – impulsartig in eine der drei »F«-Reaktionen:

- ◇ Freeze (Schockstarre)
- ◇ Flight (Flucht)
- ◇ Fight (Kampf)

In der Wildnis äußert sich das in unserem Überlebensinstinkt. Stell dir vor, du gehst durch die schwedischen Wälder, plötzlich taucht zwischen den Bäumen ein Bär auf. Reflexartig sorgen dein limbisches System und deine Biochemie dafür, dass du still stehen bleibst oder auf dem Absatz kehrt machst und davonläufst. Greift der Bär dich bereits an, dann wirst du reflexartig den Kampf aufnehmen.

Auch in unserem normalen, zivilisierten Alltag übernehmen automatisch dein Unterbewusstsein und dein limbisches System die Regie, lange bevor dein Verstand eingreifen kann. Kommen wir in eine Situation, die in unserem emotionalen Gedächtnis als negativ oder sogar gefährlich abgespeichert ist, dann werden wir entweder den Kopf einziehen, flüchten oder die Konfrontation suchen. Tobt dein Vorgesetzter mal wieder durch die Gänge, dann wirst du hoch konzentriert auf deinen Bildschirm schauen und arbeiten (Freeze). Schnauzt er dich an und verlangt, dass du heute länger bleibst, um noch ein Meeting mitzumachen, dann entscheidet auch ein Stück weit deine Persönlichkeit, ob du den Kopf einziehst (Freeze), ob du aufstehst und ihn links liegen lässt (Flucht) oder ob du anfängst mit ihm zu streiten (Kampf).

Gähnende Leere im präfrontalen Cortex? Das kannst du tun!

Dumm nur, dass unser Gehirn im Stress (vor)schnell unseren präfrontalen Cortex abschalten will. Also die Region, die für klares Denken, vernünftiges Handeln, Abwägen und kluges Entscheiden, zuständig ist. Neurologisch betrachtet ist das schlau: Alle kognitiven Leistungen, die wertvolle Energie verbrauchen, werden heruntergefahren zugunsten überlebensnotwendiger Funktionen.

Das ist dann genau die Situation, die sich für uns wie »Hirn leer!« anfühlt – selbst wenn es sich gar nicht um eine lebensbedrohliche Situation handelt, sondern um den Anfall des cholerischen Chefs, mobbende Kollegen, die E-Mail-Flut, Sorgen um die Kinder, Deadlines und Zeitdruck, eine Prüfung oder eine Präsentation: Wir können keinen klaren Gedanken fassen, erinnern uns nicht mehr an den Namen des wichtigen Kunden, vergessen den Schlüsselbund im Haus und sperren uns aus. Wir erleben bei der wichtigen Präsentation einen Blackout, oder in Prüfungen ist alles Gelernte wie weggeblasen. Uns durchfährt beim Pling einer eingehenden Pushnachricht oder beim Gedanken, dass wir beinahe einen Abgabetermin verbummelt hätten, ein blitzartiger Schreck.

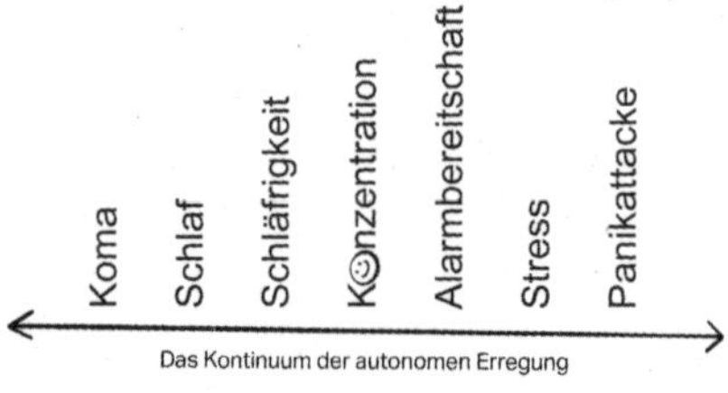

Du hast den Reiz noch gar nicht bewusst wahrgenommen, da setzt dein vegetatives Nervensystem die oben geschilderte Kaskade an biochemischen Rettungsmaßnahmen in Gang und du reagierst »hirnlos«. Das gilt besonders für Katastrophen wie Feuer, Erdbeben, Unfälle oder auch Überfälle. Besonders in Panik reagieren wir kopflos – und leider auch oft falsch. Wie aber weiter oben schon gesagt, haben wir jederzeit die Möglichkeit, in Ruhe unser übliches Verhalten zwischen Reiz und (automatischer) Reaktion zu überprüfen und für künftige – gleiche oder ähnliche – Situationen sinnvoll anzupassen. Drei grundsätzliche Wege kannst du dann gehen.

Lerne und trainiere Notfalltechniken

Um folgenschwere Fehlentscheidungen zu vermeiden, werden Katastrophenschutz- oder Rettungshelfer, aber auch Piloten, Flugbegleiter, Brandschutz- und Evakuierungshelfer in Unternehmen für ein angemessenes Verhalten bei Notfällen ausgebildet. Ob beim Training im Flugsimulator, in den Fluren am Arbeitsplatz oder auf der Straße – die Vorbereitung auf Notfallsituationen lehrt sie, mit Stress souverän umzugehen, im Ernstfall einen kühlen Kopf zu bewahren, Panikgefühle zu unterdrücken und die vegetativen Reaktionen willentlich zu steuern, sodass sie schnellstmöglich (wieder) Zugriff auf ihr rationales Denken haben.

Wind the clock

Eine bewährte Notfall-Technik, um den Verstand schnell wieder einschalten zu können und um tragische reflexhafte Fehlentscheidungen zu vermeiden, lernen Kampfjetpiloten mit der »Wind the clock«-Methode (»Die Uhr aufziehen«). Die Piloten trainieren wieder und wieder, im Cockpit über sich zu greifen, wo seit den 1960er-Jahren selbst in den modernsten Jets eine analoge »Waltham A-13A Flugzeuguhr« eingebaut ist. Sie sollen diese mechanische Uhr aufziehen, und dies würde ihr Gehirn davon abhalten, zu schnell eine unüberlegte Aktion durchzuführen.

Der Trick besteht also darin, bei einem aufpoppenden Stress-Auslöser eine Routine zu etablieren, die eine reflexhafte falsche Reaktion verhindert und uns den nötigen Zeitraum verschafft, ruhig und überlegt, statt kopflos zu handeln.

Du musst jetzt nicht eine Uhr aufziehen, wenn du das nächste Mal bei der Präsentation »hirn-leer« bist. Für uns Otto-Normal-Gestresste können Atemtechniken (siehe Brainhack 14, Seite 124), langsames Zählen von fünf auf eins oder (wenn du allein im Raum bist) drei Kniebeugen helfen, das bislang automatisch ablaufende Reiz-Reaktions-Schema zu durchbrechen. Wir können trainieren, mit unseren modernen »Bedrohungen«, all unseren aktuellen Stressfaktoren gelassener umzugehen, und können damit fördern, dass sich unser Verstand schneller wieder einschaltet.

Stelle dich bewusst dem Stress

Der zweite Weg, um souverän und überlegt in Krisensituationen zu agieren, heißt, notwendige Handgriffe so zu verinnerlichen, dass sie automatisiert ablaufen können. Es bedeutet, dass du bestimmte Stresssituationen übst, indem du dich einzelnen Stressfaktoren bewusst noch häufiger stellst. Nach einiger Zeit und dank der Macht der Gewohnheit werden sich deine Stresssymptome in Luft auflösen.

Konkret bedeutet das: Je öfter du Verkaufsgespräche führst, Projekte präsentierst, Prüfungen absolvierst, Konflikte offen ansprichst oder in Meetings ein Statement abgibst, desto routinierter wirst du, desto besser wird deine Leistung und desto entspannter wirst du bleiben. Das kennst du vielleicht noch aus der Zeit, als du den Führerschein gemacht hast: Die ersten Stunden waren von verschwitzten Händen, zittrigen

Fingern, dutzendfachem Schulterblick und konzentriertem Schalten geprägt. Heute verschwendest du keinen bewussten Gedanken mehr, wie du die Kiste lenken sollst, sondern fährst einfach los. Schalten, Gas geben, blinken, bremsen ist dir in Fleisch und Blut übergegangen.

Schaffe Gewohnheiten

Außerdem können wir uns im täglichen Overkill helfen, einen kühlen Kopf zu bewahren und besonnen zu agieren, indem wir Routinen entwickeln.

Ja, ich weiß – im Gegensatz zu den Systematikern mögen kreative Chaoten mit ihrem Spaß an Abwechslung und Neuem keine Gewohnheiten. Doch es geht auch nicht darum, dass du deine Spontanität, deine Flexibilität und deinen Spaß am Ausprobieren aufgeben sollst. Gar nicht – denn wie wir ja gesehen haben, giert unser Gehirn nach Neuem. Doch wenn uns stressige Zeiten bevorstehen oder du gerade mitten in »kopflosen« Wochen steckst, können Gewohnheiten helfen, »hirnfreie« Reaktionen zu vermeiden und innere Ruhe zu finden.

Wenn die einzige Konstante in deinem Leben momentan die Veränderung ist, weil dein Beruf oder dein privater Alltag jeden Tag andere Überraschungen für dich bereithalten, auf die du schnell und agil reagieren musst, dann kann es dich enorm entlasten, für einen gewissen Zeitraum nicht ständig alles neu erfinden zu müssen. Neue Situationen, neue Umgebungen, neue Menschen – all diese Reize lösen im Gehirn eine enorme Rechenleistung aus. Somit haben Kopf und Seele keine Kapazitäten frei, andere, für dich vielleicht wichtigere Themen zu durchdenken oder gar anzupacken.

Manchmal brauchen wir die Sicherheit des Gewohnten, damit Dinge reifen können. Wir brauchen die Ruhe der Routinen, um Kraft und Selbstvertrauen wachsen zu lassen. Das kann für dich bedeuten, dass du zunächst deine Gewohnheiten ausbaust, indem du mehr Strukturen in deinen Alltag bringst. Strukturen tun uns Menschen gut. So hat die Natur es uns vorgegeben mit Tag und Nacht und den Jahreszeiten.

Routinen machen den Kopf frei

Gewohnheiten machen den Kopf frei. Das haben Forscher am Massachusetts Institute of Technology (MIT) in den 1990er-Jahren bewiesen[47]. Sie setzten kleine Sensoren in die Gehirne von Ratten ein, die die Gehirnaktivität messen konnten, und setzten die Ratten in eine T-förmige Box mit einer Tafel Schokolade am linken Ende. Während der ersten Durchläufe in der Box arbeiteten die Gehirne der Nager auf Hochtouren und verarbeiteten jeden Sinneseindruck. Je häufiger sie jedoch die Schokolade suchten, wurden die Tiere zielstrebiger und hatten schließlich den Weg gelernt. Ein genauerer Blick in die Gehirne der Ratten zeigte, dass die neue Gewohnheit ihre Spuren in den Basalganglien hinterlassen hatte. Die Basalganglien liegen zentral im Gehirn zwischen den ganz inneren, älteren, »primitiven« Strukturen wie dem Hirnstamm (der Verbindung zwischen Rückenmark und Gehirn), die unser automatisches Verhalten wie Atmen, Schlucken und Fluchtreflex steuern, und den äußeren Segmenten, in denen unsere komplexen Denkprozesse ablaufen (Cortex). Während Cortexsegmente bei den Ratten zunächst sehr aktiv waren, schalteten sie sich nach einer Woche Training komplett ab und die Gehirnstruktur der Basalganglien übernahm die Führung. Einfach ausgedrückt: Die Basalganglien speicherten Gewohnheiten, während der Rest des Gehirns schlief.

Das ist genau der Grund, warum Gewohnheiten unser tägliches Leben einfacher machen. Es wäre unvorstellbar, wenn wir jede Handlung (Zahnpasta auf die Bürste drücken, die Bürste zum Mund führen, Bürstenbewegungen ausführen ...) immer wieder neu erlernen müssten. Wir wären wahrscheinlich schon kurz nach dem Aufstehen völlig erschöpft. Aber so wandelt unser Gehirn eine Abfolge von Handlungen in automatische Routinen um. Gewohnheiten sind also eine wunderbare energiesparende Erfindung unseres Kopfes, damit wir mehr Kapazität für die wichtigen Dinge im Leben haben.

Wo immer wir sinnvolle Abläufe festlegen oder sie von anderen Menschen lernen, wann immer wir üben, die richtigen Dinge auf die richtige Weise zu tun, reduzieren wir die Ausschüttung von Stresshormonen, unser präfrontaler Cortex bleibt funktionstüchtig und wir können mit »Hirn und Verstand« handeln.

Klare Abläufe reduzieren Stress.

Aus diesem Grund ist es auch so hilfreich, wenn in Unternehmen klare Abläufe und Zuständigkeiten definiert sind. Herrscht Unklarheit, dann vergeuden die Mitarbeitenden eine Menge Zeit, und Fehlentscheidungen sind an der Tagesordnung.

So wie bei Simon, einem Jungunternehmer aus Saarbrücken. Nachdem sein Start-up schnell gewachsen war, wurde er ständig in der Arbeit unterbrochen mit Rückfragen, wie sie mit dieser oder jener Kundenreklamation umgehen sollten. Je schneller die Firma wuchs, desto mehr Chaos entstand und desto mehr Reklamationen kamen. Unter Druck musste Simon ständig zwischen Tür und Angel entscheiden, was zu tun war. Eines Tages drückte Simon den Stoppknopf und entwickelte mit seinem Team eindeutige Vorgaben und Prozesse. Die neuen Gewohnheiten halfen, klar und überlegt agieren zu können, statt kopflos ständig nach neuen Lösungen zu suchen und »Feuerchen zu löschen«.

Oder wie bei Britta, die häufig in der Früh schon völlig runter mit den Nerven war, weil ihre Kinder immer Sonderwünsche ans Frühstücksbrot anmeldeten, ständig die Meinung änderten, rummäkelten und stritten. Eines Tages entschied die Familie, wochentags ab sofort nur noch eine Dose mit Müsli und warme Milch hinzustellen. Eine neue Gewohnheit, eine klare Ansage – Ende der Diskussion!

Kopf in den Sand? Keine gute Idee!

Schneide dich bitte auf keinen Fall komplett von den Herausforderungen des Lebens ab, um »hirnfreie« Momente zu verhindern, nach dem Motto: »Wenn ich keinen Stress habe, dann kann auch mein Hirn nicht streiken!« Ja, es ist sinnvoll, stressige Situationen wie die Frühstücksstreitereien mit klaren Ansagen zu beenden. Es ist wichtig, sich regelmäßig aus einem anstrengenden Alltag herauszuziehen und Auszeiten zu nehmen, um Kraft zu tanken. Pausen zu machen, zu regenerieren, den Kopf freizubekommen, zwischendurch keine Verantwortung zu haben ist wichtig, um dauerhaft leistungsfähig und lebensfroh zu sein.

Sich allerdings komplett gegen »bedrohliche« Situationen abzuschotten ist zum einen für einen gesunden erwachsenen Menschen komplett unrealistisch. Zum anderen wirst du damit umso sensibler und stressanfälliger selbst bei kleinsten Vorkommnissen. Das ist gut zu beobachten bei manchen älteren Rentnern, die völlig gestresst sind, wenn sie einen einzigen Termin in der Woche haben. Die Aussicht, morgen pünktlich um 8.30 Uhr beim Bankberater sein zu müssen, lässt sie schlecht schlafen, erhöht ihren Puls und die Schweißproduktion. Dieser eine Termin ist Stress pur – ein Termin den du als berufstätige Mutter oder Vater schnell mit links auf dem Weg zur Arbeit miterledigst.

Wir wachsen mit unseren Herausforderungen, und je häufiger wir Stresssituationen oder moderaten Gefahren ausgesetzt sind, desto besser lernen wir Panikgefühle in den Griff zu bekommen. Wir lernen, unseren präfrontalen Cortex anspringen zu lassen und damit unseren Verstand sowie unser Planungs- und Handlungszentrum einzuschalten. Menschen, die sich Herausforderungen stellen, wachsen und reifen innerlich. Anders als die Menschen, die immer nur »in Watte gepackt« leben.

Rasenmäher-Eltern: anerzogene Stressanfälligkeit

In diesem Zusammenhang haben wir große Verantwortung als Eltern unseren Kindern gegenüber. Sicherlich kennst du den Begriff »Helikopter-Eltern«. Damit sind Eltern gemeint, die wie ein Hubschrauber über ihren Kindern kreisen, um sie zu beschützen und vor Schaden zu bewahren. Mittlerweile wurden die »Helikopter-Eltern« abgelöst von den »Curling-Eltern«, auch »Rasenmäher-Eltern« genannt. Curling-Eltern laufen ihren Kindern voraus und »polieren« alle Hindernisse aus dem Weg, damit die süßen Kleinen anstrengungsfrei ans Ziel kommen. »Rasenmäher-Eltern« tun alles, um zu verhindern, dass ihr Kind mit Widrigkeiten, Kämpfen oder Misserfolgen konfrontiert wird. Anstatt ihre Kinder auf Herausforderungen vorzubereiten, mähen sie Hindernisse nieder, sodass ihre Kinder sie gar nicht erst zu spüren bekommen«, schrieb ein Lehrer 2018 im Blog Weareteachers[48].

Der Effekt ist bereits spürbar: Heute beklagen sich Arbeitgeber, dass viele junge Berufseinsteiger ein völlig überzogenes Selbstbild hätten, nicht kritikfähig seien, keinen Biss zeigten und beim kleinsten Problem krank zu Hause bleiben oder zu den Obrigkeiten laufen. Einen gesunden Umgang mit stressigen Situationen hätten sie nie gelernt – und man kann ihnen nicht mal einen Vorwurf daraus machen.

Zwischen Burn-out und Bore-out

Stress ist – das wissen wir seit langem – nicht unbedingt schlecht für uns. Gefordert zu sein, aus der Komfortzone herauszugehen, Herausforderungen zu meistern und auch mit Schicksalsschlägen umgehen zu lernen macht uns stark, um mit den ganz normalen Widrigkeiten des Lebens klarzukommen.

Leichter Stress macht unser Gehirn »wach« und agil, um Probleme zu lösen, Gefahren zu umschiffen oder auch um gut lernen zu können. Leichter Stress hebt unsere Leistung und unsere Laune. Nachweislich lernen Kinder und Erwachsene besser, wenn die Lehrer oder Coaches es schaffen, ein gewisses Erregungslevel im Gehirn zu schaffen. Nur wenn wir emotional gepackt werden, dann wacht unser Gehirn auf. Nur dann können neue Fähigkeiten oder Wissen vom Arbeitsgedächtnis ins Langzeitgedächtnis verschoben und dort gesichert werden. Positiver Stress (Eustress) hilft uns, berufliche, familiäre oder sportliche Anstrengungen zu bewältigen, und ist das »Salz in der Suppe«, das auch helfen kann, einen inneren Antrieb zu verspüren und die Dopamindusche anzudrehen.

Chronischen negativen Stress vermeiden

Anforderungen, die wir als negativ empfinden, lösen hingegen die zweite Stressvariante aus, den Distress, also den Stress, von dem wir bisher vor allem gesprochen haben. Distress hemmt die Leistung und Motivation, blockiert das Denken, macht uns ängstlich, reizbar und erschöpft auf Dauer. Ist das Gehirn länger mit negativem Stress konfrontiert, sind neurologische

Veränderungen und die typischen Stresssymptome die Folge: Wir erleben Stimmungsschwankungen und Reizbarkeit, werden emotional instabil, weil das limbische System gar nicht mehr zur Ruhe kommt. Wir sind erschöpft, müde und haben Konzentrationsschwierigkeiten. Wir treffen Fehlentscheidungen und vergessen viel. Kognitive Dysfunktionen nennen Experten das, was wir Laien als »Hirn leer« empfinden.

In der Folge sinken unsere Fähigkeit zu fokussiertem Tun, unsere Kreativität, unsere Leistungsfähigkeit und unsere Problemlösungsfähigkeit. Das wirkt wiederum negativ auf unser Selbstbewusstsein und die Motivation. Wir merken, dass wir langsamer werden und nicht mehr so gute Leistung bringen. Also erhöhen wir den Druck auf uns, um zuverlässig abzuliefern, um zu funktionieren. Das wiederum erhöht unser Stresslevel und lässt uns noch schlechter arbeiten. Noch mehr Stress bedeutet noch weniger Produktivität, noch weniger Leistungsfähigkeit. Je weniger Arbeit wir aber wegschaffen, desto weiter steigt unser Stresspegel. Wir versuchen, mit viel Druck und Überstunden unser Pensum zu schaffen, wechseln zu Multitasking, was unsere Fehlerzahl erhöht und unser Gehirn weiter kognitiv in die Knie zwingt. Wir verzichten auf Sport oder darauf, Freunde zu treffen, schlafen schlechter und halten uns mit Junkfood auf den Beinen.

All das erhöht unseren Cortisolspiegel immer weiter, und je cortisolgesättigter der Körper ist, desto weniger funktioniert die Fettverbrennung. Wir werden dicker, was wiederum auf die Laune schlägt und den Serotoninspiegel senkt. Damit fehlt der Gegenspieler im Selbstberuhigungssystem – wir kommen gar nicht mehr runter.

Dieses Spirale an negativen Folgen dreht sich schneller und schneller, macht uns noch anfälliger für Stress und zermürbt unsere mentale Widerstandskraft und zieht zahlreiche Baustellen auf der körperlichen Ebene von Fettleibigkeit über Bluthochdruck, Allergien, Rückenschmerzen bis hin zu Herzinfarkt oder Schlaganfall nach sich. Aus diesem Grund ist es so wichtig, dass wir immer wieder unseren Fokus auf Pausen, Erholung und Resilienzstrategien lenken und uns die Möglichkeit geben, diese Negativspirale frühzeitig anzuhalten oder besser gar nicht erst hineinzugeraten.

Welches Stresslevel tut dir gut?

Jeder Mensch hat einen optimalen Stresspunkt, der sich je nach Lebenssituation, körperlichem Zustand (gut erholt oder angeschlagen) und Fülle der einstürmenden Reize immer wieder verändert. Das bedeutet, dass du immer wieder achtsam auf deine aktuellen und anhaltenden Stressfaktoren, wie zu hohes Arbeitsaufkommen, zu enge Taktung, Sorgen, Zeitdruck, Verpflichtungen, Lärm und Reizüberflutung, blicken darfst und immer wieder neu justieren solltest, was an Herausforderungen im Moment für dich gut ist.

Wie gesagt: Mäßiger Stress hat positive Auswirkungen auf deinen Antrieb, deine Laune, dein tägliches Tun. Starker Stress hat negative Wirkungen, wenn er lange anhält – für kurze Zeit fühlt er sich zwar unangenehm an, ist aber nicht schädlich. Nicht vergessen dürfen wir aber auch die Tatsache, dass *zu wenig* Stress, zu wenig Herausforderung dich auch psychisch belasten und genauso krank machen kann.

Ja, richtig gelesen. Um raus aus dem Stress zu kommen, geht es nicht immer darum, unser Pensum zu reduzieren! Ständig erklären uns Experten, wie wir uns mit mehr Pausen und Abschalten gegen Burn-out wappnen können. Aber sie vergessen, dass die »kleine Schwester« des Burn-outs – der Bore-out – genauso schädlich ist und krank macht!

Bore-out ist auch schädlich!

Ein »Bore-out« (vom Englischen »boring« = »langweilig«) hat ähnliche Symptome wie das bekannte Burn-out-Syndrom. Doch hier beschert uns nicht eine permanente *Über*forderung das Gefühl von Ausgelaugtsein, sondern eine anhaltende *Unter*forderung, in Form von zu wenig Aufgaben, zu wenig Herausforderung, zu wenig Terminen, zu wenig Verpflichtungen.

Da aber niemand zugeben will, dass er sich gerade zu Tode langweilt, kaschieren die Betroffenen die Unterforderung, indem sie eine Menge Arbeit, Wichtigkeit und Dringlichkeit vorgaukeln, die gar nicht gegeben ist. Sie reduzieren soziale Kontakte (aus Angst, entlarvt zu werden), schlafen schlecht, fühlen sich mit ihrer Vernebelungstaktik schlecht – und prompt wird ein Burn-out diagnostiziert und der Patient entsprechend behandelt. Fatal – denn anstatt weniger zu tun, um sich besser zu fühlen, müssten diese Menschen mehr tun! Ihr Heilmittel gegen Bore-out heißt also »positiver Stress« (Eustress).

Wiesel, Katze, Schildkröte: Welcher Taktungstyp bist du?

In diesem Zusammenhang lohnt es sich, herauszufinden, welcher Taktungstyp du bist und wo dein individuell optimales Taktungs- und Stresslevel liegt. Entsprechend unserer inneren Taktung unterscheiden wir:

◇ **Wiesel:** Es lebt zukunftsorientiert und feiert Leistung und Effektivität als hohe Werte. Wiesel haben keine Zeit zu verschenken und werden als Multitasker möglichst viele Dinge gleichzeitig erledigen wollen.

◇ **Katze:** Sie hat eine eher »mediterrane« Lebenseinstellung. Katzen sind gern aktiv, beherrschen aber auch die Kunst des Faulseins.

◇ **Schildkröte:** Sie braucht einen sehr viel langsameren Takt, als wir hierzulande haben. Schildkröten leiden häufig unter dem Stress und der Hektik, die ihre Umgebung ausstrahlt.

Sind dein innerer und dein äußerer Takt in Deckung? Entspannt und glücklich sind wir, wenn unsere innere Taktung den Anforderungen des Taktes von außen entspricht. Ist das nicht der Fall, dann erleben wir Stress. So dürfen Katze und Schildkröte schauen, dass sie ihr gelebtes Tempo drosseln, wenn sie eine zu hohe äußere Taktung stemmen müssen. Es bedeutet aber auch, dass wir unsere Taktung *hochfahren* dürfen, wenn wir als Katze oder Wiesel einfach zu wenig Action in unserem Umfeld vorfinden.

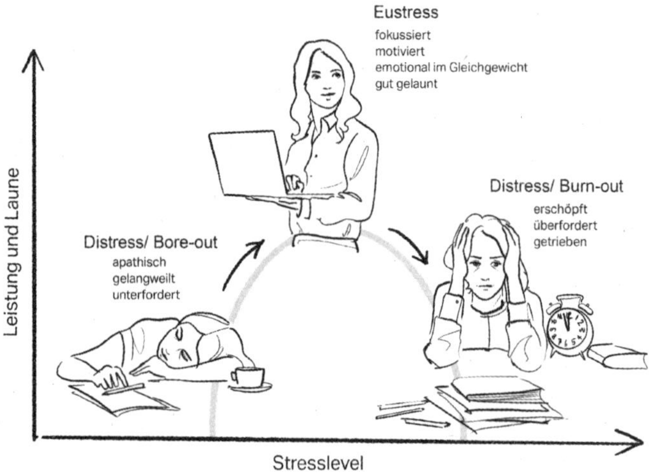

Finde heraus, wo *dein* optimales Level zwischen Anspannung und Entspannung liegt, wie viel Action und Herausforderung *dir* guttut und wie viel Abschalten dich in einem leistungsfähigen und freudvollen Tun hält. Das persönliche Stressoptimum liegt entsprechend einer umgekehrten U-Form irgendwo in der Mitte von Langweile und Überforderung.

Welcher Taktungstyp du bist und welches Stresslevel dir guttut, kannst du mit meinem Gratischeck »Welcher Taktungstyp bin ich?« unter https://www.gluexx-factory.de/taktungstypen herausfinden. Notiere deine Gedanken im Workbook: Wo möchtest du deine Taktung erhöhen, um dich gefordert, aber nicht überfordert zu fühlen? Wo möchtest du deine Taktung reduzieren? Wo kannst du mehr Ruhe in deinen beruflichen oder privaten Alltag bringen?

Hör auf, Stress reduzieren zu wollen. Erhöhe lieber deine Glückserlebnisse!

Jeder Mensch geht anders mit Stress um. Das hat viel mit unseren genetischen Anlagen, Stresserfahrungen im Mutterleib oder während der Geburt, frühkindlichen und späteren Erfahrungen zu tun. Vieles, was unsere Persönlichkeit prägt, entscheidet also auch darüber, wie wir mit Druck und Anspannung umgehen. Deshalb unterscheiden sich Menschen darin, wie viel Stress sie verarbeiten können, welche *Stressresilienz* sie zeigen, wie stark sie potenziell bedrohliche Dinge erkennen (Bedrohungsempfindlichkeit) oder wie schnell die Stressaktivierung im Körper und Gehirn geschieht (Frustrationstoleranz). Außerdem sind wir sehr unterschiedlich im Hinblick darauf, wie schnell wir uns wieder »abregen« können, also wieder ins innere Gleichgewicht kommen, wenn die Belastung bewältigt oder vorbei ist.

Zwei Systeme spielen in unserem Gehirn dabei eine Rolle: In unserem *Stressverarbeitungssystem* geht es permanent um die Frage, wie werde ich mit Herausforderungen und mit den damit verbundenen Aufregungen fertig? Hier agieren Noradrenalin und Cortisol. Um sich auch wieder abregen zu können, spielt unser *Selbstberuhigungssystem* eine wichtige Rolle, das mit dem Neurotransmitter Serotonin sowie den körpereigenen Opioiden zusammenhängt. Serotonin wirkt dem Stress durch Beruhigung entgegen (»Es ist alles in Ordnung – keiner bedroht dich!«), die Opioide wirken zusätzlich schmerz- und stressmindernd.[49]

Du kannst dir also gut vorstellen, dass es eine erhebliche Auswirkung auf dein Stressempfinden hat, was *alle* Transmitter und Hormone in deinem Körper machen. Fehlen die »Gegenspieler« zu den Stresshormonen, dann fühlst du dich ständig beunruhigt, ängstlich und risikoscheu. Menschen mit einem niedrigen Serotoninspiegel interpretieren die Welt eher als bedrohlich, was sich bei Männern meist in »reaktiver« körperlicher Gewalt äußert (»Man muss sich ja schließlich wehren!«), bei Frauen eher in Selbstverletzung und bei beiden Geschlechtern in Depression.

Die gute Nachricht: Wir selbst können den Serotoninspiegel in unserem Körper erhöhen, indem wir mehr Aktivitäten in den Alltag bringen, die Serotonin produzieren und aufhören, gegen die stressigen Umstände in unserem Leben zu kämpfen. Das klingt im ersten Moment paradox, wenn deine Tage derzeit dicht getaktet, fragmentiert und voll sind. Aber es ist der beste Weg, um wirklich zum Erfolg zu gelangen.

Achtung: Freie Zeit ruft danach, gefüllt zu werden!

Was macht mich da so sicher? Seit rund 20 Jahren unterstütze ich als Trainerin und Coach Menschen dabei, Stress zu reduzieren, Zeit für sich selbst und die schönen Dinge des Lebens zu haben sowie produktiv und gelassen das Leben genießen zu können. Sehr häufig verfolgen sie anfangs diesen Ansatz: »Wenn ich nicht mehr so viel um die Ohren habe, dann mache ich mehr Sport, das wird mir guttun!« »Wenn ich mehr Unterstützung habe, dann mache ich mal ein paar Tage frei!« »Wenn ich weniger zu tun habe, dann buche ich das Kultur-Abo!«. Leider rückt ein »Wenn-Dann-Denken« den Blick immer auf das, was wir abstellen wollen. Wir investieren eine Menge Zeit und Energie, um von einem unerwünschten Zustand wegzukommen (Weg-von-Ziel) und beschäftigen uns ständig mit dem Mangel. Schaffen wir es dann, eine Lösung zu finden, und Zeit zu »gewinnen«, dann wird meist die neue freie Zeit gleich wieder von anderen Verpflichtungen eingenommen, und wir sind im gleichen Hamsterrad wie vorher, nur mit anderen Aufgaben. Der Grund: Freie Zeit schreit danach, belegt zu werden.

Stelle dir das vor, wie ein Gefäß voller hohler Kugeln jeglicher Größe, in das 24 Stunden Zeit passen. Dieses 24 Stundengefäß will gefüllt werden (weil die Zeit vergeht, ob wir wollen oder nicht), und legst du eine Aufgabenkugel heute ausnahmsweise mal nicht rein, dann füllt sich die entstehende Lücke oft schneller, als wir Nein rufen können.

Drehen wir aber das Prinzip um, und legen zuerst die Aufgaben und Aktivitäten rein, die uns guttun, die uns Spaß machen, die den Kopf frei machen, die uns Kraft und Freude geben, dann ist rein rechnerisch nicht mehr so viel Platz für die anderen Aufgabenkugeln, und – »it's magic!« – unterm Strich schaffen wir trotzdem, was wir schaffen wollen.

Wie kann das sein? Ganz einfach: Zum einen haben wir mehr positiven Druck, Dinge zu erledigen, wenn wir uns auf etwas Schönes freuen: Wer weiß, dass er Mittwoch am frühen Abend in die Therme fahren kann und eine Aromaöl-Massage genießen darf, der wird viele Aufgaben im Laufe des Tages effizienter, schneller oder nicht so perfektionistisch erledigen. Er wird sich gut erholen, besser schlafen und damit am nächsten Tag leistungsfähiger sein. Ergo: Wir schaffen mehr, als hätten wir bis tief in den Abend hinein gearbeitet.

Mit dem Gasprinzip die »Wenn-Dann-Falle« austricksen

Das Geheimnis dahinter nennt sich Gasprinzip oder Parkinsonsches Gesetz. Dem Gesetz zufolge dehnt sich ein Gas so weit aus, wie wir im Raum geben. Je größer ein Gefäß ist, desto mehr Volumen nimmt das Gas ein, machen wir das Gefäß kleiner, dann komprimiert sich das Gas, nimmt also weniger Raum ein. Das gleiche passiert mit unseren Aufgaben: Hast du 30 Minuten Zeit, um einzukaufen, wirst du 30 Minuten brauchen. Hast du nur 10 Minuten Zeit, wirst du es eben in 10 Minuten schaffen. Haben wir ein Meeting auf 60 Minuten angesetzt, werden wir 60 Minuten brauchen, setzten wir es gleich auf 45 Minuten an, so werden alle relevanten Punkte mit einer sehr hohen Wahrscheinlichkeit auch in dieser Zeit besprochen sein.

Dank Gasprinzip können wir bestimmte Aufgaben in weniger Zeit als bislang schaffen, weil wir konzentrierter sind, unseren inneren Perfektionisten einbremsen, anderen Menschen schneller Grenzen setzen und Störungen besser unterbinden. Wer mit dem Gasprinzip an seine zur Verfügung stehende Zeit herangeht, der legt bildhaft gesprochen eine 45-Minuten-Kugel für ein Meeting in sein Gefäß des Tages, anstatt eine 60-Minuten-Kugel – und hat jetzt 15 Minuten Luft.

Die »gewonnene« Zeit schützen

15 Minuten, die bei den meisten Menschen allerdings sofort entweder von anderen Menschen beschlagnahmt werden (»Ach, wenn du heute früher fertig bist, dann fahr doch gleich noch das Altglas weg!«) oder die wir uns selbst wieder klauen – weil wir mal wieder sinnlos in den sozialen Medien daddeln, weil wir anfangen, aufzuschieben oder anderen Unfug zu machen. Hättest du jedoch von Anfang an eine neue, schöne, kraftspendende 15-Minuten-Kugel in dein Tagesgefäß gelegt, dann gehst du direkt vom Meeting hochmotiviert zum nächsten Agendapunkt, weil du »keine Zeit hast«, um zu trödeln.

Um glückshormonstiftende Aktivitäten in unsere Tage zu bekommen, nutzen wir also das Gasprinzip auf der einen Seite, um das Zeitbudget für einzelne Aufgaben zu reduzieren (kleinere Kugel wählen), auf der anderen Seite füllen wir aber auch gleichzeitig proaktiv unser 24-Stunden-Gefäß, damit die entstandenen Lücken sich nicht gleich wieder mit unerwünschtem Zeug füllen.

Ja, dieser Ansatz klingt paradox, und viele meiner Klienten waren zunächst auch skeptisch. Aber vor allem, wenn du eine

Hanny Herzlich bist, die die eigenen Bedürfnisse ständig zugunsten anderen Menschen zurückstellt, ist dieser Ansatz sehr vielversprechend: Du erzeugst einen gewissen Zeitdruck, der dich auf einem motivierten Level hält und dir hilft, mehr energiebringende Dinge zu machen. Zudem ist dieser Ansatz sehr hilfreich, wenn es sich bei deinen Stressfaktoren um Dinge handelt, die du nicht beeinflussen kannst, die außerhalb deines »Circle of Influence« liegen.

Wenn Dinge außerhalb deines Einflussbereiches liegen, dann sind stärkende Aktivitäten umso wichtiger.

Wir alle haben Lebensbereiche und Faktoren, auf die wir aktiv Einfluss nehmen können. Doch manches liegt eben (noch) außerhalb unseres Einflussbereiches. Deshalb nutzt es auch nichts, ständig über diesen Stressfaktor zu lamentieren, viel besser ist ein biochemisches Gegengewicht zu zaubern, dann tut das Unabänderliche auch nicht mehr so weh.

Wer nicht gerade eine krankhafte Neurotransmitter- oder Hormonstörung hat, der kann aus eigener Kraft den Teufelskreis durchbrechen und die Spirale aufwärts in Bewegung setzen: Du tust etwas, das dich glücklich macht. Dein Körper schüttet Serotonin (oder auch Oxytocin und Endorphine) und Dopamin aus. Dein innerer Antrieb steigt. Du tust wieder etwas Schönes, fühlst dich belohnt, fühlst dich weiter beflügelt. Auf diese Weise schaffen wir plötzlich viel mehr als vorher, weil die Welle an Glücks- und Antriebshormonen uns trägt.

Suche dir simple Stresskiller wie Musik und Lachen

Denke bei glücksstiftenden Aktivitäten auch an solche, die als Nebeneffekt eine große Wirkung auf unsere Laune haben. Zu den effektivsten und immer zur Verfügung stehenden Aktivitäten gehören Musik und Lachen.

Ein Forscherteam hat nachgewiesen, dass beim Musikhören deutlich messbar Dopamin ausgeschüttet wird.[50] Selbst am Tag danach waren die Dopaminrezeptoren der Versuchspersonen aktiver als zuvor – als ob sie förmlich nach mehr Musik verlangten. Musik kann beim Menschen einen »echten Hunger nach Glücksgefühlen« auslösen, folgern die Forscher.

»Komponiertes Glück« nennen es Hirnforscher, wenn begabte Musiker uns bewusst in die Glückseligkeit abdriften lassen. Tue deinem Gehirn also etwas Gutes, indem du glücklich machende Melodien hörst. Stelle eine Playlist mit deinen persönlichen »Glücksliedern« zusammen. Geh auf Konzerte oder an andere Orte, an denen du gleichgesinnte Musikliebhaber triffst. Singe – allein zu Hause zum privaten Vergnügen oder in einem Chor mit anderen. Lerne ein Instrument. Geh tanzen und verbinde die Glücksgefühle von Musik, Bewegung und anderen Menschen.

Und lache so oft es geht. In einer Metastudie[51] werteten 2022 Forscher des Universitätsklinikums Jena 45 Studien aus den letzten 30 Jahren aus und konnten bestätigen, dass Lachen tatsächlich gesund ist. Nicht nur weil Lachen die gleiche Wirkung wie sportliche Betätigung hat: Wer herzhaft lacht, beim dem sind hunderte Muskeln im Einsatz, darunter auch Atemmuskulatur und die Bauchmuskeln. Wer lacht, holt tiefer Luft und nimmt die dreifache Menge an Sauerstoff auf, die wiederum das Herz-Kreislauf-System und den Stoffwechsel anregt. Lachen ist vor allem gesund, weil wir Glückshormone wie Endorphine ausschütten und die Konzentration der Stresshormone Adrenalin und Cortisol im Blut senken.

Nutze die »So tun als ob«-Strategie (siehe Brainhack 8, Seite 88), denn wir lachen, wenn wir glücklich sind, aber wir werden auch glücklicher, wenn wir lachen. Das bedeutet, dass all die guten Effekte in unserem Körper auch ablaufen, wenn das Lachen *künstlich* herbeigeführt wird wie im Lachyoga oder durch Clowns. Verbringe so viel Zeit wie möglich mit humorvollen Menschen, und lacht gemeinsam.

Resilienz – stärke deine innere Widerstandsfähigkeit

Es geht also nicht darum, Stress prinzipiell zu vermeiden. Es geht darum, einen gesunden Umgang mit den Herausforderungen eines menschlichen Lebens zu lernen. Oder wie es der US-amerikanische Unternehmer, Autor und Motivationstrainer Jim Rohn ausdrückte: »Wünsche dir nicht, dass es einfacher wird. Wünsche dir, dass du stärker wirst.«

Unter den Schlagworten Resilienz, Mental Health und innere Widerstandskraft erforschen Mediziner und Psychologen seit den 1950er-Jahren intensiv, was uns geistig, seelisch und damit auch körperlich gesund hält[52]. Dabei gingen Forscherteams weltweit zunächst von einem sogenannten »bounce back«-Ansatz aus. Sie dachten, dass ein resilientes System nach einer Störung in seinen Ursprungszustand zurückkehrt. Als Bild und Definition wurde gern ein Gummiball bemüht, der sich beim Aufprall auf dem Boden eindellt und dann in seine ursprüngliche runde Form zurückfindet. Diese Vorstellung wurde genährt, weil der Begriff »Resilienz« aus der Werkstoffphysik entliehen ist und dort die Fähigkeit von Materialien bezeichnet, nach Momenten extremer Spannung wieder zurück in den Ursprungszustand zu kommen (aus dem lateinischen Verb »resilire« für »abprallen, zurückspringen«).

Nicht zurückspringen, sondern reifen.

Heute sind wir in der »Resilienz 2.0«-Ära und gehen davon aus, dass resiliente Menschen an ihren Herausforderungen wachsen und reifen. Wir kehren nach einer Krise nicht seelisch und mental in den alten Status quo zurück, sondern gehen mit neu gewonnenen Erkenntnissen, erlernten Problemlösungsstrategien, neuen Einstellungen, neuen Kompetenzen, einem dickeren Fell daraus hervor und passen uns über kurz oder lang auch an neue Rahmenbedingungen an (»bounce forward«).

9 Resilienzfaktoren statt 7 Säulen

Vielleicht sind dir im Zusammenhang mit dem Thema »Resilienz« schon einmal »Die 7 Säulen der Resilienz« begegnet. Ich finde, dieser Begriff vermittelt ein falsches Bild. Viele Menschen verbinden mit dem Wort »Säule« ein starres, tragendes und alles überdauerndes Element. Sie denken, sie müssten immer allen sieben Säulen Rechnung tragen, damit das Bauwerk »mentale Gesundheit« nicht einstürzt. Aber das stimmt nicht!

Je nach deiner derzeitigen Stressbelastung, beruflicher oder privater Situation und aktuellem Lebensabschnitt können dir einige »Säulen« Halt geben, während andere »Säulen« für dich momentan gar nicht wichtig sind, und du dich deshalb auch nicht um sie kümmern musst. Außerdem sind bei jedem von uns die »Säulen« in der Regel unterschiedlich stark ausgeprägt: Manche Menschen sind in ihrem Job sehr lösungsorientiert und packen an, während sie in Beziehungen eher passiv sind und bei Problemen den Kopf in den Sand stecken. Oder sie zeigen bei manchen Themen oder Meinungen anderer Menschen eine hohe Akzeptanz, bei bestimmten Themen reagieren sie aber komplett »engstirnig«. Es gibt also keine fixe, in Stein gemeißelten Grundhaltungen, sondern alles ist immer in Bewegung und veränderlich.

Aus diesem Grund spreche ich lieber von Resilienzfaktoren, im Sinne von »Zutaten«, aus denen wir unsere innere Widerstandskraft nähren können. Sie alle unterstützen dich, psychisch stabil zu sein und auch Krisen gut zu überstehen. Folgende neun Resilienzfaktoren stärken dich:

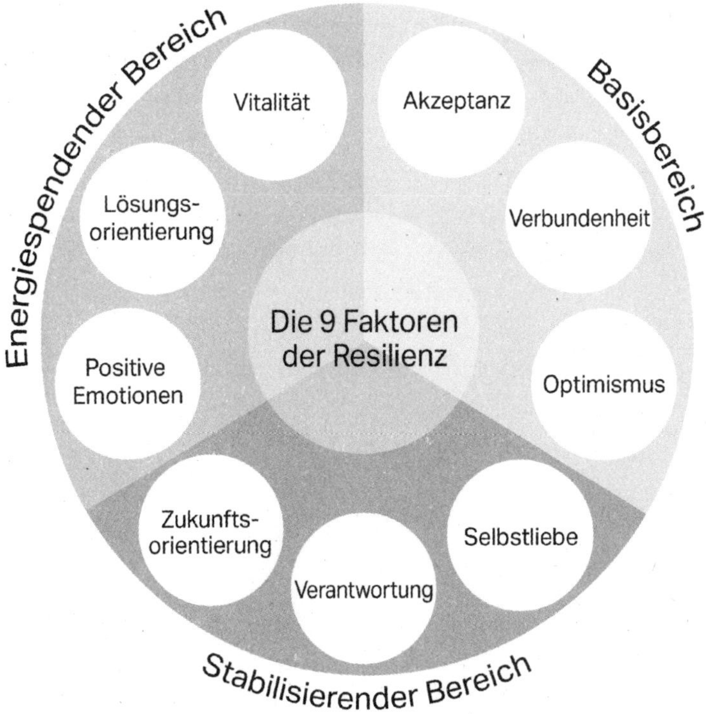

- **Akzeptanz:** Akzeptanz bedeutet zum einen, dass wir unseren Frieden mit Situationen oder Ereignissen machen, die sich (noch) nicht ändern lassen. Andererseits geht es auch um Selbstakzeptanz (kognitiv) und Selbstannahme (emotional). Wer sich erlaubt, Fehler zu machen, wer sich erlaubt zu scheitern, kann daran wachsen.
- **Verbundenheit** Es ist erwiesen, dass eine gute Verbindung zu uns selbst, aber auch die Verbundenheit mit anderen Menschen Halt gibt. Ein intaktes Netzwerk aus Familienmitgliedern, Freunden und Kollegen, Sportkameraden und Gleichgesinnten stärkt uns psychisch. Selbst wenn wir gerade nicht aktiv Hilfe suchen, das Gefühl, »nicht allein zu sein« reicht aus.

- **Optimismus:** Studien deuten darauf hin, dass Optimismus und eine gesunde positive Einstellung zu sich selbst und zum Leben eine direkt stärkende Auswirkung auf das Immunsystem haben.
- **Selbstliebe:** Resiliente Menschen haben eine höhere Meinung von sich als weniger resiliente Zeitgenoss/innen. Sie wissen um ihren eigenen Wert und setzen sich deshalb aktiv, entspannt und selbstbewusst für ihre Bedürfnisse und ihr persönliches Glück ein (Nein sagen, Zeit für Sport, gesunde Ernährung und Gesundheitsvorsorge).
- **Verantwortung übernehmen:** Resiliente Menschen sind davon überzeugt, dass sie Dinge beeinflussen können und etwas bewirken können. Wenn es hart auf hart kommt, fühlen sie sich nicht machtlos und anderen ausgeliefert, sondern schauen, wo sie Verantwortung übernehmen und aktiv eingreifen können, anstatt in der passiven Opferrolle zu verharren.
- **Zukunftsorientierung:** Resiliente Menschen wissen klarer als andere, wofür sie stehen wollen, was ihre Visionen, ihre Werte, ihre Motive, ihre Leitsterne sind. Sie sehen die Zukunft als ein Meer voller Möglichkeiten, das sie immer gestalten können.
- **Positive Emotionen:** Im Gegensatz zum Optimismus, der eine Erwartungshaltung widerspiegelt, geht es bei den positiven Gefühlen darum, Gefühle wie Glück, Dankbarkeit, Gelassenheit, Freude, Vergnügen, Ehrfurcht, Stolz, Neugierde, Zufriedenheit, Zuversicht, Wohlbefinden oder Liebe bewusst zu erleben und bewusst in den Alltag »einzubauen«.
- **Lösungsorientierung:** Resiliente Menschen sind Gestalter, aktivieren alle verfügbaren Ressourcen und werden kreativ. Sie schaffen es auch nach vorn zu schauen und konstruktiv nach Lösungen zu suchen – nachdem

sie eine Situation, die sie nicht beeinflussen können, akzeptiert und hinter sich gelassen haben.

- ◇ **Vitalität:** Resiliente Menschen sorgen dafür, dass es ihnen körperlich, geistig und seelisch gut geht. Sie kennen ihre Kraftquellen und nutzen sie bewusst. Vitalität – auch Lebenskraft genannt – lässt sich mit kleinen Veränderungen bei Ernährung, Schlaf und Bewegung steigern.

Diese neun Faktoren stärken deine persönliche Widerstandskraft, deine mentale und seelische Gesundheit, und helfen dir, »Hirn leer«-Momente zu reduzieren oder einfach gelassener damit umgehen zu können.

Füttere dein Hirn mit dem, was es wirklich braucht

Unser Körper und unser Geist sind eng miteinander verbunden und viele psychosomatische Krankheiten können psychologisch ursächlich geheilt werden, während auf medizinischer Ebene nur die Symptome behandelt werden. Deshalb ist es so wichtig, dass wir den Einfluss der Psyche auf den Körper, aber auch den Einfluss der körperlichen Funktionen auf die Psyche ernst nehmen. Aus diesem Grund trainieren die Teilnehmer und Teilnehmerinnen der »30-Tage-Happiness-Challenge Wellness für die Seele«[53] jeden Tag einen anderen der neun Faktoren, um nachhaltig ihre Lebensfreude und ihre mentale Gesundheit zu stärken.

Besonders der letztgenannte neunte Resilienzfaktor »Vitalität« ist mir sehr ans Herz gewachsen, weil wir den im Stress in der Regel als Erstes vernachlässigen. Wenn wir den Kopf voller Aufgaben und Verpflichtungen haben, wenn wir durch unsere fragmentierten Tage hetzen, dann bleiben genau die Maßnahmen auf der Strecke, die unser Hirn und unseren Körper bei Kräften halten könnten. Vor lauter Stress lassen wir komplette Mahlzeiten ausfallen, halten uns mit Fast Food, Süßigkeiten und Koffein über Wasser und streichen Schlafen, Sport oder frische Luft als erstes von der To-do-Liste. Unser heutiger Lebensstil macht es unserem Nervenkostüm wirklich schwer, gut und zuverlässig zu arbeiten.

Lass uns deshalb genauer hinschauen, was rein biologisch im Körper passiert: Es könnte deinen Respekt vor der Meisterleistung erhöhen und damit deine grundsätzliche Motivation, deinen Neuronen etwas Gutes zu tun.

Ausflug in die Neurobiologie: Woraus besteht unser Gehirn?

Wusstest du, dass unser rund drei Pfund schweres Gehirn das *fetteste* Organ im menschlichen Körper ist? Es besteht zu ca. 60 Prozent aus Fetten und zu 40 Prozent aus Wasser, Proteinen, Kohlenhydraten und Salz. Die Hirnmasse enthält etwa 100 Milliarden Nervenzellen (Neuronen) und eine Billion Gliazellen. Gliazellen sind »Stützzellen« (aus dem Griechischem »glia« für »Leim, Kleber«). Sie versorgen die Neuronen mit Nährstoffen, schützen und stabilisieren sie strukturell.

Damit wir denken, fühlen und handeln können, kommunizieren unsere Neuronen permanent miteinander. Innerhalb eines Neurons leiten elektrische Signale die Botschaften weiter. Über ihre Kontaktstellen (Synapsen) kommunizieren sie miteinander, wobei chemische Botenstoffe (Transmitter wie Dopamin) helfen, den sogenannten synaptischen Spalt zu überbrücken.

Gemeinsam mit dem Rückenmark bildet das Gehirn unser zentrales Nervensystem. Alle Nervenzellen, die Signale zwischen dem zentralen Nervensystem und den Organen und Körperteilen hin- oder zurückschicken, zählen zum peripheren Nervensystem. Zudem können wir unterscheiden, ob neuronale Vorgänge bewusst oder unbewusst gesteuert werden: Das somatische Nervensystem ermöglicht, dass du deine Umwelt bewusst wahrnimmst und als Reaktion beispielsweise willentlich deine Muskeln steuerst. Das vegetative Nervensystem (VNS) reguliert alle Vorgänge, die unbewusst im Körper ablaufen wie Atmung, Herzschlag, Verdauung.

Sicher hast du auch schon vom Sympathikus, Parasympathikus und dem enterischen Nervensystem gehört: Der Sympathikus übernimmt die Regulation deiner Organfunktionen in Stresssituationen, während der Parasympathikus in der Ruhe und der Erholungsphase die Kontrolle hat. Das enterische Nervensystem steuert die Abläufe in deinem Magen-Darm-Trakt.

Damit alle Hirnregionen gut arbeiten, und alle diese Vorgänge reibungslos ablaufen, versorgen vier große Schlagadern das Gehirn mit sauerstoffreichem Blut, Glukose und weiteren wichtigen Nährstoffen. Abtransportiert wird das »verbrauchte« Blut in diesem eigenen Hirn-Blut-Kreislauf von starren Venen, die das Blut nicht in eine bestimmte Richtung leiten können und die auch nicht – wie die Venen im Körper – Venenklappen haben. Deshalb ist die Flussrichtung des Blutes abhängig von der Lage des Kopfes.

Was benötigt unser Gehirn?

Der Blick in die Neurobiologie zeigt, dass unser Gehirn eine Menge Energie braucht, damit seine verschiedenen Funktionen auf Höchstleistung laufen können, damit wir konzentriert und fokussiert arbeiten können und mental gesund bleiben.

◇ Unser Gehirn braucht **Glukose**: Das Gehirn verbraucht im »Normalbetrieb« (normale Anstrengung) bis zu 140 Gramm Glukose täglich. Das entspricht etwa 75 Prozent der in allen Körperzellen verbrauchten Glukosemenge. Je mehr wir nachdenken, grübeln, lernen oder aktiv sind, desto mehr braucht es.

◇ Es braucht **Sauerstoff**: Schon nach wenigen Sekunden Sauerstoffmangel im Gehirn werden wir bewusstlos. Nach wenigen Minuten ohne Sauerstoff ist ein Gehirn unwiderruflich geschädigt, nach etwa zehn Minuten stirbt das Gehirn endgültig, und es erlischt die Fähigkeit, selbst zu atmen. Zu wenig Sauerstoff im Hirn führt zu Bewegungsproblemen, Aufmerksamkeitsstörungen und beeinträchtigt unsere Entscheidungs- und Denkprozesse.

◇ Es braucht **Fette** wie Omega-3-Fettsäuren und **B-Vitamine**, die den Stoffwechsel im Hirn unterstützen.

- ◇ Es braucht **Proteine**, damit Neurotransmitter gebildet oder beispielsweise Stresshormone abgebaut werden können.
- ◇ Es braucht **Ruhe**, damit die Stoffwechselvorgänge stattfinden können.

Auf keinen Fall braucht es **Drogen, Alkohol oder Nikotin**, die das System nur durcheinanderbringen.

Auf den Punkt gebracht können wir sagen: All die guten Tipps, die wir »schon immer« hören, um gesund und ausgeglichen zu sein, haben wirklich ihre Berechtigung. Eine ausgewogene Ernährung, erholsamer Schlaf, Bewegung und damit viel Sauerstoff sowie Sonnenlicht und Berührungen stoßen im Gehirn genau die Stoffwechselprozesse an, die wir so dringend brauchen, um unser Gehirn bestmöglich zu versorgen und um es bestmöglich nutzen zu können.

Wenn du bereits viel über gesunde Lebensführung weißt, dann nimm die vitalisierenden Brainhacks als erneute Rückenstärkung, dein bisheriges Verhalten zu verstärken. Und hole dir tieferes Verständnis, noch mehr Mindsight, warum die ein oder andere Maßnahme so wertvoll für dein Gehirn ist.

Hast du dich bislang noch nicht mit einem gesunden, glücksstiftenden Lebensstil beschäftigt, dann hoffe ich, dass ich dich mit den sofort umsetzbaren Impulsen und Mikrogewohnheiten begeistern kann: Es ist ganz einfach, sich mental und körperlich etwas Gutes zu tun. Es braucht nur wenig, um gezielt dein Gehirn so zu versorgen, dass es (wieder) voll konzentriert und leistungsfähig ist.

Brainhack 9: Entwickle eine persönliche Notfalltechnik

Kampfjetpiloten ziehen die analoge Uhr im Jet auf, um sich einen Moment zu verschaffen, in dem sie ihren präfrontalen Cortex wieder anknipsen. Welche Aktion könnte dir helfen, einen Raum zwischen Reiz und Reaktion zu schaffen, damit du angemessen reagieren kannst? Was könnte dein (neues) Wind-the-clock-Ritual für deine künftigen Stress-Auslöser werden?

Deine analoge Uhr aufziehen? Zur digitalen Uhr greifen und zehn Sekunden mitzählen? Langsam von fünf auf eins zählen? Tief einatmen, den Atem für wenige Sekunden anhalten und langsam ausatmen? Drei Kniebeugen machen? Laut in die Hände klatschen? Was hat dir früher schon mal geholfen, eine impulsive Reaktion zu vermeiden?

Entscheide dich für eine Technik. Mache Trockenübungen damit, dann wird sie im echten Notfall schnell abrufbar sein.

Brainhack 10: Stelle dich dem Stress

Wo willst du Stress reduzieren, indem du dich einer herausfordernden Aufgabe bewusst *häufiger* stellst? Was willst du öfter tun, also aktiv üben, und damit deinen Adrenalinpegel senken? Im Sinne der Resilienzfaktoren stärkst du auch deine Selbstwirksamkeitserwartung und deine Lösungsorientierung, wenn du immer wieder einen Stier bei den Hörnern packst.

Brainhack 11: Gute Gewohnheiten pflegen

Indem du neue Routinen entwickelst oder alte, zeitraubende Gewohnheiten abstellst, kannst du mehr Ruhe in deinen Alltag bringen. Welche deiner *derzeitigen* Aktivitäten willst du gern zumindest für einen kurzen Zeitraum als neue Gewohnheit etablieren? Was musst du dafür tun? Bis wann willst du das umgesetzt haben?

Wo ist es in deinem privaten oder beruflichen Alltag sinnvoll, neue Routinen zu entwickeln oder alte Gewohnheiten abzustellen, damit auch unter Stress die Dinge so laufen, wie sie laufen sollen? Wo wünschst du dir momentan mehr Ruhe in deinem Alltag? Ruhe im Sinne von absehbaren Abläufen? Im Sinne von »dich einfach treiben lassen können«, weil du nicht ständig alles neu organisieren musst? Ruhe, weil auch die anderen Menschen wissen, was wann kommt, und ihr nicht ständig diskutieren oder euch abstimmen müsst? Schaff dir die Routinen, die dich entlasten.

Brainhack 12: Hole Glückserlebnisse aktiv in den Alltag

Nimm deine Notizen zu Brainhack 3 (Seite 84) zur Hand, bei denen du glücksbringende Aktivitäten gesammelt hast, die dein Dopaminsystem wieder wecken sollen. Jetzt wo du weißt, dass serotoninbringende Tätigkeiten einen unverzichtbaren Beitrag liefern, um deinen Stresspegel zu senken, ergänze bitte deine Notizen um weitere Aktivitäten, die den Glückscocktail ausschütten.

Was bringt dich zum Lachen? Welche Tätigkeiten oder welche Menschen vermitteln dir ein Gefühl der Zufriedenheit? Welche Situationen stimmen dich fröhlich?

Mache ab sofort jeden Tag zumindest eine kleine glücksstiftende Aktion.

Brainhack 13: Trainiere deine Resilienz

Aus allen Resilienzfaktoren verdient der Faktor »Zukunftsorientierung« einen intensiveren Blick, wenn es darum geht, den Kopf freizubekommen. Das bedeutet für dich: Schaffe dir Raum und Zeit, um zu überlegen, in welchem glitzernden Fluss du auf dem Meer der Möglichkeiten paddeln willst. Mache bitte *keinen* Lebensplan mit Fristen und Meilensteinen. Ein Leben ist kein planbares Konstrukt! Ja, überlege, was du erreichen willst, und gestalte konkrete Schritte, um dem näher zu kommen. Aber bleibe auch offen für das, was das Leben dir schenkt. Mehr Input, wie du das machen kannst, bekommst du bei Brainhack 29 (Seite 193).

Für mehr »Hirn an!« ist der Resilienzfaktor »Vitalität« wichtig. Denn wir können unsere psychische Widerstandsfähigkeit und mentale Gesundheit durch körperliche Aktivitäten enorm stärken. Es geht also nicht darum, über kognitive Anstrengungen das Hirn einsatzbereit zu halten. Nein, häufig fehlen unserem Körper biologische Zutaten, damit wir gelassen unser Pensum stemmen können.

Aus diesem Grund widmen wir die nächsten Brainhacks den besten Strategien für mehr Vitalität und räumen ihnen den Raum ein, den sie verdienen!

Brainhack 14: Lerne bewusst und tief zu atmen

Je besser unser Gehirn mit Sauerstoff versorgt ist, desto leistungsfähiger ist es. Im Ruhezustand verbraucht unser Gehirn rund 20 Prozent des Sauerstoffes, den wir einatmen. Haben wir viel nachzudenken oder sind im Stress, braucht es natürlich mehr. Doch leider atmen wir im Alltag oft viel zu flach. Besonders unter Stress atmen wir kaum, atmen zu hektisch oder halten in Erwartung den Atem an. Die Folge: Der gesamte Rumpf verspannt sich, unsere Zellen und Organe werden nicht mehr ausreichend mit Sauerstoff versorgt. Wir werden müde, bekommen Kopfschmerzen und fühlen uns schlecht. Da Sauerstoffverfügbarkeit und Hirnaktivität eng zusammenhängen, ist es für unser Denken, Fühlen und Handeln unverzichtbar, dass ausreichend Sauerstoff zur Verfügung steht.

Richte deinen Fokus auf deine Atmung, und verändere Kleinigkeiten im normalen Tagesablauf.

◇ Hast du das Gefühl, keinen klaren Gedanken fassen zu können, dann mach das Fenster auf, oder gehe vor die Tür, und atme ein paar Mal tief und bewusst ein und aus. Flute deinen Körper mit wertvollem Sauerstoff, und stelle dir vor, wie dein Hirn aufwacht.

◇ Gähne und räkle dich, wann immer du unbeobachtet bist. Atme tief ein und aus, und genieße die Sauerstoffzufuhr.

◇ Achte auf deine Körperhaltung. Richte dich immer wieder bewusst auf, damit unter den Rippenbögen Platz für eine tiefe Bauchatmung ist.

◇ Bewege dich: Nimm die Treppe statt des Aufzugs oder der Rolltreppe. Nutze jede Möglichkeit, um zu Fuß zu gehen oder mit dem Rad zu fahren statt mit dem Auto. Bewegung verstärkt und vertieft automatisch deine Atmung.

◇ Nutze »erzwungene« Pausen – ich nenne sie »geschenkte Pausen« –, um tief und genussvoll zu atmen. Solche Pausen erlebst du zum Beispiel, wenn sich dein Computer aufhängt. Anstatt dich über die Technik zu ärgern, nutze sie als Aufforderung für ein paar Atemzüge. Andere Beispiele: rote Ampel, Schlange an der Supermarktkasse, langweiliges Meeting, verspäteter Zug.

◇ Richtest du den Fokus auf das Einatmen, dann aktiviert das den Sympathikus, den leistungsorientierten Teil des vegetativen Nervensystems. Er steigert den Blutfluss, bringt Sauerstoff in die Zellen und beschleunigt den Herzschlag.

◇ Bewusstes Ausatmen aktiviert den Parasympathikus, den beruhigenden Teil des autonomen Nervensystems. Langsames, bewusstes Ausatmen baut nachweislich geistige und körperliche Anspannung ab und senkt die Herzfrequenz.

Wenn wir unbewusst atmen, dann atmen erwachsene Menschen im Schnitt 14-mal pro Minute ein und aus. Der Atem gilt als das »Tor« zum vegetativen Nervensystem, weil wir ihn – anders als unseren Herzschlag – auch willentlich steuern können. Aus diesem Grund können wir mit Atemtechniken gezielt das eigene Wohlbefinden lenken. Viele Atemtechniken sind viele hundert Jahre alt und spielen bei Entspannungstechniken wie Qigong, bei vielen Meditationen und im Yoga eine große Rolle. Die Praktizierenden richten dabei bewusst die Aufmerksamkeit auf die Atmung und wenden genau die Techniken an, deren Wirkung sie sich gerade wünschen.

Du willst leistungsfähig sein? Deine Konzentration fördern? Du willst ruhiger werden? Du willst wacher werden? Du willst endlich einschlafen? In deinem Deep-Dive-Bereich unter https://kreative-chaoten.com/kopf-voll-hirn-leer/ findest du konkrete Anleitungen zu folgenden Atemtechniken wie *anregende* Feueratmung, *kühlende* Minibauchatmung für mehr Wohlbefinden, *entspannendes* 4-7-8-Atemmuster, *aufmerksamkeitsstärkende*, wachmachende und zugleich beruhigende nasale Wechselatmung.

Brainhack 15: Beweg dich möglichst oft

Jede Art von Bewegung verbessert automatisch die Durchblutung aller Organe und aller Zellen, bringt mehr Sauerstoff in den Körper und stärkt unsere Gesundheit. Wer sich regelmäßig bewegt – und wir reden nicht von Leistungssport oder Gewalttouren – der kommt besser mit Stress zurecht. Einer Studie[54] zufolge sind die Menschen die glücklichsten, die an Mannschaftssportarten teilnehmen. Das verwundert kaum, denn die Glücksfaktoren »Gemeinschaft« und »Spiel« tragen sicherlich zur guten Stimmung bei. Radfahrende waren am zweitglücklichsten, gefolgt von denen, die Aerobic oder Gymnastik machten. Auch bei kombinierten geistig-körperlichen Aktivitäten wie Yoga und Tai-Chi stellten die Forscher eine Verbesserung der Stimmung fest.

Egal, wie viel und wie oft du dich bewegst – jeder Schritt ist besser als keiner. Löse dich von allzu fordernden Zielen und verabschiede dich vom Dogma, jeden Tag 10 000 Schritte gehen zu müssen. Diese Vorgabe basiert auf der Marketingkampagne eines japanischen Unternehmens, das damit in den 1960er-Jahren einen Schrittzähler bewarb. Höre auf dein Bauchgefühl und beachte deine Fitness- oder Gewichtsziele: Willst du fitter werden und abnehmen, dann ist viel Bewegung mehr als wichtig. Willst du deine körperliche und geistige Fitness halten, dann kannst du es gemütlicher angehen lassen. Selbst wenn du nur ausgiebig spazieren gehst oder zu Fuß zur Arbeit – beispielsweise dreimal pro Woche 40 Minuten – dann kann das deine kognitive Leistung steigern, fanden Forscher der Universität von Illinois heraus[55].

Brainhack 16: Mache Pausen

Vor vielen Jahren entwarf ich eine Postkarte mit meinem Lieblingsspruch: »Die besten Ideen haben wir, wenn wir eine Pause machen!« Wo immer ich war, verteilte ich sie, weil ich an mir selbst und an meinen vielen Seminarteilnehmern und Coachingklienten hautnah beobachten konnte, dass Pausen der Erfolgsbooster schlechthin sind. Statt die Nächte durchzuarbeiten und auf Pausen zu verzichten, um erfolgreich zu sein, brach ich eine Lanze für Erholung, Müßiggang und Abschalten. Frei nach Laotse bin ich überzeugt, dass es besser ist, mühelos nichts zu tun, als mühevoll nichts zu schaffen.

»Wir sollten Arbeit und Ruhepausen als gleichrangig betrachten«, sagte 2017 auch Autor Alex Soojung-Kim Pang in seinem Buch »Pause«[56]. Er nennt Albert Einstein, Charles Darwin und auch Thomas Mann als Vorbilder für erfolgreiche Menschen, die die Kunst beherrschten, Pausen richtig zu nutzen! Alle drei arbeiteten täglich lediglich vier bis sechs Stunden und leisteten doch Herausragendes auf ihren jeweiligen Gebieten.

Neurologisch sehen wir heute ganz genau, dass Pausen unbedingt notwendig sind für das Gehirn, um Informationen zu verarbeiten, neues Wissen oder Fähigkeiten einzuordnen und neue Zusammenhänge herzustellen. Erst in der Ruhe können sich Neuronen bilden und neue Gehirnstrukturen entwickeln. Fehlen Ruhezeiten oder gar Schlaf, dann können wichtige neurologische Verdrahtungen nicht geschaffen werden und auf Dauer lässt die Leistung unseres Gehirns nach. Das kennst du, wenn du übermüdet bist: Da können wir keinen klaren Gedanken fassen, schneiden in Prüfungen schlechter ab, sind weniger schlagfertig und weniger entscheidungsfreudig, alles dauert länger und kostet mehr Kraft.

Im Leistungssport ist das Prinzip der Regeneration längst bekannt: Wer pausenlos trainiert, der wird nie besser. Wer hingegen (die ausgetüftelten!) Regenerationsphasen einhält, dessen Körper kann sich an die steigenden Anforderungen anpassen, kann Energiespeicher wieder aufzufüllen und Muskelmasse oder Schnellkraft aufbauen.

Auch die relativ junge Forschungsrichtung der Chronobiologie hat festgestellt, dass wir im Schnitt 70 Minuten konzentriert sein können und produktiv arbeiten. Nach rund 70 Minuten gehen Aufmerksamkeit und Leistungskurve in den Keller – ein rein biologischer Vorgang, den wir nicht ignorieren können. Es gilt also, sich *aktiv* Regenerationsphasen zu nehmen – und nicht abzuwarten, bis uns jemand eine Pause »schenkt«!

Etabliere Minipausen im Tagesverlauf, indem du rund alle 70 Minuten drei Minuten lang das Fenster aufmachst, tief durchatmest, dir einen frischen Tee holst und ihn mit Genuss trinkst. Vielleicht mit Blick aus dem Fenster – in die Ferne? Das entspannt auch wunderbar deine Augen, wenn du viel am Bildschirm arbeitest. Wenn es dir nicht zu stark strukturiert ist, dann kannst du dabei der Pomodoro-Technik[57] folgen: 25 Minuten konzentriert arbeiten (das ist kurz genug, um nicht zu trödeln und lange genug, um etwas zu schaffen) und dann fünf Minuten Pause machen.

Trage dir längere Pausenzeiten (Mittagessen!) als Termin im Kalender ein. Alles, was wir aufschreiben, hat eine höhere Verbindlichkeit als das, was wir lediglich im Kopf haben. Sind in deinem Team eure elektronischen Kalender vernetzt, dann schützen dich Zeitinseln für Pausen (»Timeboxes«) auch davor, dass Kollegen ungefragt Termine dort eintragen.

Gönne dir idealerweise tagsüber einen 20-minütigen Powernap. Wer länger schläft, kommt in die Tiefschlafphase, und dann sind wir danach gerädert. Erhöhe die Wirkung deines Nickerchens, indem du davor (!) einen Espresso trinkst oder dir danach (!) das Gesicht wäschst.[58] Und nimm dir echte Auszeiten im Jahresverlauf, also freie Tage und freie Wochen, in denen du wegfährst und den Kopf freibekommst.

Stille und Tagträumen lieben lernen

Traue dich, in deinen Pausenzeiten gedankliche Leere zu zelebrieren, indem du dich vom Zustrom neuer Reize abschottest. Checke nicht in der Mittagspause deine Mails oder privaten Chatverläufe. Lies ausnahmsweise im Urlaub mal kein Buch, sondern hänge deinen Gedanken nach. Gönne deinem Gehirn Zeiten, in denen es keine Geräusche, Bilder, Musik, Lesestoff oder Gespräche verarbeiten muss. – Und halte es aus, dass in der Stille die inneren Stimmen viel lauter werden. Für viele

Menschen ist es eine prima Vermeidungsstrategie, sich Kopf und Kalender so dicht wie möglich zu packen, um sich nicht beruflichen oder familiären Problemen stellen zu »müssen«.

Gib dich der Stille und dem süßen Nichtstun hin, und freue dich, dass du damit zu den intelligenten Menschen zählst. Richtig gelesen! Intelligente Menschen verbringen deutlich mehr Zeit damit »faul herumzuliegen«, als mit aktiv sein, fanden Forscher der Florida Gulf Coast University heraus. Der Grund: Menschen mit einem hohen IQ seien nicht so schnell gelangweilt und liebten es, einfach vor sich hinzudenken, anstatt das Gehirn mit externen Aktivitäten wie etwa Sport zu reizen. Weniger intelligente Menschen bräuchten externe Stimuli, weil das Gehirn sonst zu schnell gelangweilt sei.[59]

Brainhack 17: Iss dich glücklich

Vor knapp zehn Jahren stieß ich auf ein Buch, das meine Essenswelt veränderte: David A. Kessler[60], ein ehemaliger Kommissar der U.S. Food and Drug Administration, schilderte darin, dass wir eine Explosion der Geschmacksknospen erleben, wenn wir die drei Zutaten Zucker, Fett und Salz in einer perfekten Mischung vorgesetzt bekommen. Diese drei Geschmacksrichtungen sicherten unseren Vorfahren das Überleben. Wenn etwas süß war, war es essbar, Salz lieferte wertvolle Mineralien, und Fett bildete das nötige Energiepolster, um lange Winter zu überstehen. Deshalb ist diese Kombi tief in unserem Belohnungszentrum als »positiv« gespeichert.

Wir finden solche Lebensmittel superlecker – und können nicht aufhören, sie zu essen. Hast du dich schon einmal gefragt, warum du nicht einfach ein paar Chips essen und die Tüte dann zurückstellen kannst? Die Mischung hat dein Belohnungszentrum angeheizt – dein Gehirn will mehr davon. Wenn wir uns diese »leckeren« Lebensmittel in den Mund stecken, schüttet unser Gehirn Opioide oder Endorphine aus, die eine ähnliche belohnende Wirkung wie Morphin oder Heroin haben. Wenn Lebensmittel diesen Opioidkreislauf stimulieren, wollen wir essen. Und essen. Und essen. Denn es macht uns glücklich. Wir sehnen uns nach genau diesem Essen, auch wenn unser Verstand schon längst »Stopp« gerufen hat.

Die Tricks zu durchschauen, mit denen wir gezielt zu Fast Food und Snacks manipuliert werden, half mir enorm, mich gesünder zu ernähren. Sich von der unbewussten »Fremdbestimmung« zu befreien, öffnet die Türen, uns mit den richtigen Zutaten glücklich zu essen und Herz, Hirn und Körper etwas Gutes zu tun. Es ist wissenschaftlich gut belegt, dass Bakterien im Dickdarm aus den richtigen Nährstoffen Serotonin und Dopamin produzieren. Deshalb nutzen viele Angst- oder Depressionstherapien bewusst »Soulfood«, um psychische Erkrankungen besser heilen zu können[61]. So gelten dunkle Schokolade, Feigen, Sojabohnen oder Haferflocken als »Happinizer«. Sie enthalten viel Tryptophan – eine Aminosäure, die unser Körper nicht selbst herstellen kann, die er aber in das Glückshormon Serotonin umwandeln kann. Mit fast 290 Milligramm L-Tryptophan pro 100 g liefern Cashewnüsse am meisten von dieser Aminosäure und haben eine stimmungsaufhellende, beruhigende und sogar schlaffördernde Wirkung. Aus dem Eiweißbaustein Thyrosin, der in Hähnchen oder Rindfleisch, in Makrele, Linsen und Parmesan enthalten ist, kann unser Körper Dopamin bilden.

Stelle dir deine Lieblingsspeisen zusammen (Liste im Deep-Dive-Bereich), und gib deinem Gehirn wertvolle Bauteile, um leistungsfähig zu bleiben, gelassener zu werden, schneller zu denken und gute Laune zu haben. Achte darauf, ob Geschmacksverstärker wie Glutamat oder künstliche Süßstoffe dir auf den Magen und auf die Denkleistung schlagen. Probiere aus, was dir guttut, und was nicht – dein Körper ist der beste Seismograf.

Wichtig: Vergiss nicht, ausreichend zu trinken. Schon häufig habe ich erlebt, dass Menschen einen Leistungseinbruch,

Konzentrationsschwierigkeiten oder Brainfog hatten. Kaum hatten sie ein großes Glas Wasser getrunken, waren sie wieder fit. Kein Wunder: Schon bei einer minimalen Dehydrierung um zwei Prozent reduzieren sich unsere kognitiven Fähigkeiten drastisch.[62]

Brainhack 18: Lerne gut und erholsam zu schlafen

Haben wir den Kopf zu voll, dann bleibt bei den meisten Menschen auch der Schlaf auf der Strecke. Was dreifach negativ ist: Erstens will sich das Gehirn beim Schlafen erholen, die Gehirnzellen regenerieren, und gelerntes Wissen konsolidiert sich im Langzeitgedächtnis. Fehlt Schlaf, dann laufen am nächsten Tag alle neuronalen Aktivitäten naturbedingt auf Sparflamme. Zweitens türmen sich nachts Sorgen und offenen To-dos zu angsteinflößenden Riesenschatten auf, und das zermürbt uns noch mehr und hält den Kopf beschäftigt. Die nächtliche Depri-Stimmung hat allerdings einen nachvollziehbaren Grund: Im zentralen Nervensystem ist das »Glückshormon« Serotonin aufgebraucht – daher diese hoffnungslose Stimmung. Wer sich drittens dann noch ärgert, dass er nicht schlafen kann, der heizt die Cortisolproduktion erst recht an.

Die gute Botschaft: Schlafforschern zufolge ist es völlig normal, dass wir nachts aufwachen. Selbst unsere Steinzeitvorfahren haben sich nachts öfters vergewissert, dass keine Gefahr droht, und dann weitergeschlummert. Stress dich also nicht, wenn du hochschreckst, sondern kuschle dich ein, und freue dich, dass du in einem sicheren, warmen Bett liegst.

Sorge dafür, dass du dich im Bett und im Schlafzimmer wohl fühlst – das geht bei der Wandfarbe los (blau hilft unserem Gehirn zu entspannen), über Decken, Kissen und bequeme Matratzen. Sich wohlfühlen im Bett ist Grundvoraussetzung für erholsamen Schlaf. Schotte Lärm und Licht ab.

Richte dir abendliche Rituale ein, um Körper und Geist auf »Runterfahren« einzustimmen: Tee trinken, sich im Bad (bei reduzierter Beleuchtung!) fertig machen, ins Bett schlüpfen, ein unaufregendes (!) Buch lesen oder ein Hörbuch hören. Vermeide Lesen am Smartphone, oder mache es nur, wenn der Bildschirm auf »Nachtmodus« wechselt und weniger Blauanteil im Licht ist, der wach macht.

Dein Kopf ist voller Alltagsgedanken, wenn du ins Bett gehst? Forscher der texanischen Baylor University wiesen nach, dass Probanden, die abends ihre Aufgaben für den nächsten Tag notierten, neun Minuten schneller einschliefen als die Vergleichsgruppe, die eine Art Tagesrückblick schrieb[63].

Morgenspaziergang hilft durchzuschlafen

Einen überraschenden Tipp zum Thema »Besser Schlafen« hat Werner Cassel vom Schlafmedizinischen Zentrum UkGM (Uniklinikum Gießen und Marburg)[64] in petto. Er empfiehlt allen Schlaflosen, sie sollten einen Morgenspaziergang machen.

Ja, richtig gelesen! Natürlich ist auch ein Abendspaziergang eine gute Sache, um den Kopf nochmals auszulüften und Abstand zum Tagesgeschehen zu gewinnen. Doch die Runde am Morgen greift in unseren Hormon- und Neurotransmitterhaushalt ein und sorgt für eine solide Basis für einen guten Schlaf. Wer schon morgens raus ans Licht gehe, aktiviere über die innere Uhr die Serotoninproduktion. »Wir haben tagsüber mehr Glückshormone, sind aktiver, haben eine bessere Stimmung. Das Serotonin, das wir am Tag mehr haben, wird dann nachts umgebaut zu Melatonin, das wichtigste schlafunterstützende Hormon«, so der Schlafmediziner.

Nimm auch deine abendlichen Essgewohnheiten unter die Lupe, denn viele Lebensmittel halten uns in einem angespannten Zustand. Kaffee, schwarzer Tee oder Pfefferminztee halten wach, während Melisse, Lavendel oder grüner Tee dank enthaltener Polyphenole, Flavonoide und Catechine helfen können, Körper und Geist zu beruhigen. Die Aminosäure Theanin im grünen Tee fördert den Botenstoff GABA (Gamma-Aminobuttersäure), soll Angst reduzieren und damit sowohl die Schlafqualität als auch die Schlafeffizienz verbessern – wir schlafen besser durch. Roher Kakao entspannt dank viel Magnesium und fördert ebenfalls die Ausschüttung spezifischer und beruhigender Neurotransmitter im Gehirn.

Kannst du deiner Wahrnehmung trauen?

Manchmal scheint es, als sei die Welt ein Illusionstheater. Wir nehmen Dinge wahr, die andere Menschen überhaupt nicht sehen, hören die Flöhe husten oder übersehen den rosa Elefanten mitten im Zimmer. Komm mit auf eine Reise in deine Wahrnehmungswelt, wo Wahrnehmung und Wirklichkeit zwei Paar Schuhe sind, und schärfe deinen Blick.

Wie unbewusste Wahrnehmungen unser bewusstes Tun torpedieren

»Hörst du das mittägliche Glockengeläut der Dorfkirche? Sieh mal die eingezuckerte Bergspitze am Ende des Tales! Oh, jetzt ist es nass in den Schuh gegangen, die Socken sind feucht! Die kann ich heute Abend nicht mehr anziehen, die muss ich gleich waschen. Im Mai sind wir auf eine Hochzeit eingeladen – was ziehe ich denn da nur an? Was es wohl auf der Hochzeit zum Essen gibt? Mein Magen knurrt. Ich muss noch fünf Kilo abnehmen bis zur Hochzeit! Was essen wir heute Abend? Ich muss noch einkaufen gehen. Wieso eigentlich ich? Wieso bin ich selbst im Urlaub der Haus-Depp? War das ein Schrei hinter der Kurve? Wo sind die Kinder?«

Kommen dir solche Gedankenketten bekannt vor? Diese Wasserfälle an Assoziationen, ausgelöst durch das Einfangen kleiner Wahrnehmungen aus deiner Umwelt und deinem Innenleben? Zu Tausenden stürmen sie den Empfangsbereich der Brain AG und rufen danach, vorgelassen zu werden. Manche von ihnen sollen »bewusst bearbeitet« werden, im Sinne von »besprochen, entschieden, erledigt, bedacht, organisiert, gelernt«. Andere lassen dich reflexartig reagieren: Nach dem Schrei hinter der Kurve rennst du direkt los, um nach deinen Kindern zu schauen. Oder sie schubsen aus den Tiefen deines unbewussten Gedächtnisses Gefühle und Gedanken hoch in dein Bewusstsein, in dein Arbeitsgedächtnis (»Wieso bin ich selbst im Urlaub der Haus-Depp?«).

Wissenschaftler wie der Bremer Neurobiologe Gerhard Roth[65] schätzen, dass es von den Reizen, die die Schwellen unserer Sinnesorgane überwinden, maximal 0,1 Prozent in unser Bewusstsein schaffen. Sie halten zunächst Einzug in unser Arbeitsgedächtnis, wo sie für rund 30 Sekunden gespeichert werden, damit wir mit ihnen arbeiten können. Von: »Sieh mal die eingezuckerte Bergspitze am Ende des Tales!«, bis zum seligen Lächeln in deinem Gesicht war dein Kopf also voll beschäftigt. Aber diese »Bergspitzen-Gedanken« sind nicht das, was unseren Kopf »voll« macht und uns womöglich Stress bereitet. Im Gegenteil. Das sind Momente der Achtsamkeit, die uns Kraft schenken, die Glückshormone und Dopamin ausschütten und damit die Freude am Leben schüren.

Bewusstes Wahrnehmen ist ein Privileg

Es wäre also keine Lösung, einfach die Wahrnehmung zu kappen, um endlich den Kopf freizubekommen. Ohne Wahrnehmung hätten wir kein Bewusstsein. Und genau das macht uns Menschen aus: Wir sind nicht bewusstlos, wir haben Rückkopplungsschleifen, um überlegt handeln zu können, und können das eigene Tun immer wieder an neue Bedingungen anpassen. Ohne unsere Wahrnehmung wäre kein aktiv gestaltetes Leben möglich.

Neben der *bewussten* Reizaufnahme und Verarbeitung findet in unserem Gehirn aber auch eine *unbewusste* Reizaufnahme und Verarbeitung statt, ergo sprechen wir von *unbewusster* Wahrnehmung. Millionen von Eindrücken registrieren wir nicht aktiv, sie haben aber eine enorme Macht über uns, ohne dass wir es wissen. Dazu gleich mehr.

Erneut ist das gezielte Ausblenden wichtiger Informationen eine sinnvolle Einrichtung unseres Gehirns, um Energie zu sparen und uns vor einem Overload zu schützen. Es schottet die Neuronen in der Chefetage der Brain AG ab, damit sie nicht mit Unwichtigem ihre Kraft vergeuden, sondern sich auf Analysieren, rationales Verstehen, Schlussfolgern, Entscheiden, Strategien bilden, Impulskontrolle, Lernen, Planen oder lineares Vorgehen konzentrieren können.

Im Thalamus: die Empfangsmitarbeiter der Brain AG

Damit sie das tun können, hat uns Mutter Natur eine Region im Zwischenhirn gegeben, den Thalamus. Genauer gesagt handelt es sich um eine Ansammlung von etwa 100 Thalamuskernen in beiden Gehirnhälften, und nicht um einen Einzelspieler. Wie ein strenger Empfangsmitarbeiter der Brain AG bestimmt der Thalamus, welche Besucher die Chefetage und damit zunächst das Arbeitsgedächtnis betreten dürfen und welche nicht.

Dazu holt er sich Informationen aus betroffenen Abteilungen, und so ist der Thalamus nicht nur ein »Tor zum Bewusstsein«, wie es in vielen Lehrbüchern bezeichnet wird, sondern ein Info-Umschlagplatz[66], der sich auch mit anderen Arealen austauscht: Wenn die Kirchenglocken bimmeln, dann interagiert der Thalamus blitzschnell mit Neuronen im Cortex, die für das Verarbeiten von Hörreizen zuständig sind, aber auch mit Neuronen in anderen Schubladen unseres Langzeitgedächtnisses.

Als »Postboten« in ihrer Kommunikation fungieren die Neurotransmitter GABA und Glutamat.[67] Aus Rückmeldungen wie: »Das Geräusch, das da gerade reinkommt, kenne ich –

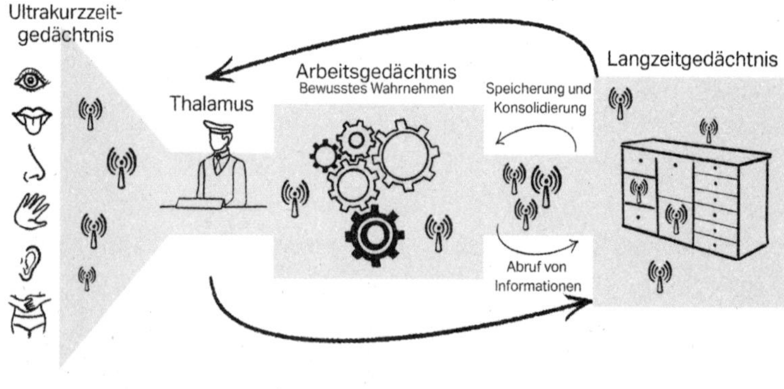

es ist eine Kirchenglocke«, oder auch: »Das ist ein positiver Stimulus«, leitet der Thalamus ab: Glockenläuten bitte ins Bewusstsein, ins Arbeitsgedächtnis, dringen lassen.

Mit Ausnahme von Düften – allen voran Pheromone –, die den Thalamus umgehen, hat diese Hirnregion von der Größe einer Pflaume also eine enorme Macht als Zutrittskontrolle, als Wahrnehmungsfilter. Studien aus dem Jahr 2022 legen sogar nahe, dass einige Thalamuskerne stärker als bislang gedacht bei Entscheidungen oder Impulskontrolle mitmischen[68]: Funktionen, die man bislang rein den Cortexregionen zugeordnet hatte.

Damit wir in unserem fragmentierten, vollen, lauten, informationsgeschwängerten und reizüberladenen Alltag nicht in die Knie gehen, schuften die Empfangsmitarbeiter der Brain AG im Akkord. Rund um die Uhr filtert der Thalamus unsere Wahrnehmungen nach zwei Kriterien:

- ◇ Unwichtiges kommt am Empfang der Brain AG nicht vorbei, dringt nicht zu uns durch. Es wird im Ultrakurzzeitgedächtnis gleich wieder überschrieben oder bleibt im Unterbewusstsein.
- ◇ Wichtiges darf den Wahrnehmungsfilter passieren und betritt die oberen Chefbereiche der Brain AG.

Was dringt in unser Bewusstsein?

Die brennende Frage dabei ist: Was bewertet der Thalamus als so wichtig, dass es unseren Wahrnehmungsfilter passieren darf? Welche Reize gewinnen den Konkurrenzkampf um unsere Aufmerksamkeit?

Ganz klar schaffen es wie auf Seite 19 besprochen auffällige Signale eher, dass wir aufmerksam werden als unauffällige Reize. Tiere, die sich tarnen, sind ein gutes Gegenbeispiel: Sie sind so unauffällig, dass sie leicht der Wahrnehmung von Fressfeinden entgehen. Wichtig ist auch, dass wir grundsätzlich aufmerksam und aufnahmefähig sind, nicht müde oder abgelenkt. Und selbstverständlich können wir vom Verstand her (»top-down«) willentlich beeinflussen, was den Wahrnehmungsfilter passieren soll, indem wir uns den Reizen aufmerksam und mit voller Absicht zuwenden. Wenn wir also aus ganzem Herzen wahrnehmen wollen und nicht nur halbherzig nicken und auf Durchzug schalten, wenn die Kollegin zum x-ten Mal über ihre ewig gleichen Probleme mit der Schwiegermutter lamentiert.

Ebenso winkt der Thalamus ins Innere der Brain AG durch, wenn wir uns absichtsvoll mit einem Problem auseinandersetzen, gezielt neuen Stoff lernen, du bewusst jeden Satz liest und versuchst, seinen Inhalt aufzunehmen. Denn so signalisieren wir dem Thalamus: Das ist jetzt wichtig für uns. Zusätzlich zu diesen Kriterien lässt er Signale in unser Bewusstsein passieren, wenn sie folgenden Kriterien entsprechen:

- ◇ **Unser aktuelles Befinden:** Wenn ich Hunger habe, dann rieche ich den Bratwurstduft in der Fußgängerzone und schaue mich nach der Quelle um. Bin ich satt, gehe ich achtlos an der Bude vorbei. Nervt mich schon länger der Tick des Kollegen, immer mit dem Kugelschreiber zu klackern, dann höre ich es immer sofort. Würde es mich nicht aufregen, dann würde ich es überhören.
- ◇ **Unsere aktuellen Interessen:** Will ich Yoga lernen, »springen« mich plötzlich überall Infos und Angebote zum Probetraining dazu an. Sind wir urlaubsreif, sehen wir plötzlich überall Urlaubsplakate.
- ◇ **Unsere Erwartungen:** Erwarte ich, dass heute ein guter Tag wird, dann bemerke ich wohlwollend, dass der Autofahrer extra für mich bremst und mich über die Straße lässt, dass ich in der S-Bahn einen Sitzplatz ergattert habe, dass es heute in der Kantine mein Lieblingsgericht gibt, dass die Sonne scheint. Ich bekomme gute Laune.

- ◇ **Unsere Befürchtungen:** Befürchte ich, dass heute ein mieser Tag wird, dann bin ich genervt, weil ich auf den letzten Drücker in die S-Bahn gesprungen bin, weil neben mir jemand sitzt, der lautstark telefoniert, weil heute eine lange Schlange an der Essensausgabe zu meinem Schnitzel steht, weil die Sonne scheint und ich arbeiten muss. Ich bekomme noch schlechtere Laune.

All diese Faktoren färben unseren Wahrnehmungsfilter. Der Thalamus fragt also in den ersten Millisekunden, nachdem neue Reize im Ultrakurzzeitgedächtnis eingetrudelt sind, in den verschiedenen Gehirnregionen nach: Gibt es dort Assoziationen zu vorhandenen Emotionen, Wissen, Erfahrungen, Gewohnheiten, zum aktuellen Befinden oder auch Erwartungen oder Befürchtungen? Dann entscheidet er, ob er die Wahrnehmungen ins Arbeitsgedächtnis schickt, mit der Aufforderung: »Kümmere dich darum!«, oder ob er die Eindrücke am Bewusstsein vorbeifliegen lassen soll.

Wenn Wahr-Nehmungen vielleicht Falsch-Nehmungen sind

Wir selbst haben unserem Thalamus eine Art Checkliste gegeben, welche Reize in unser Bewusstsein dringen dürfen. Nur haben wir diese Liste dummerweise nicht bewusst erstellt. »Dummerweise« deshalb, weil vielen Menschen überhaupt nicht klar ist, dass ihre Erwartungen, Befürchtungen oder Interessen ihren Wahrnehmungsfilter färben. Sie denken, ihre Wahrnehmungen seien die echte, die wirkliche, die einzig wahre Wahrheit. Doch das ist so nicht richtig. Oder wie es im Talmud heißt: »Wir sehen die Welt nicht, wie sie ist. Wir sehen die Welt, wie wir sind.«

Es gibt Dinge auf der Welt, die wir rein biologisch nicht wahrnehmen können, aber dennoch sind sie da: Elefanten verständigen sich über weite Entfernungen hinweg mittels Infraschall, also so tiefen Tönen, dass wir Menschen sie nicht hören können. Fledermäuse nutzen Ultraschall zur Jagd. Das Schnabeltier nimmt elektrische Felder wahr und nutzt diese zur Orientierung.[69]

Außerdem gibt es Dinge auf der Welt, die wir Menschen mental wahrnehmen, weil sie unserer Lebenswelt, unserer »Bubble« entsprechen, und die anderen Menschen völlig entgehen. Wir sind in einer »Informationsblase« als Hirnchirurg oder als Landwirt, als Social-Media-Manager oder als Friseurin und nehmen deshalb schneller Dinge wahr, die unseren Beruf betreffen. Eine Feuerwehrfrau wird in dem Raum, in dem du gerade bist, sehr schnell mögliche Gefahrenstellen für Brandherde sehen, Notausgänge suchen und Rettungswege im Kopf durchgehen, während ein Künstler die nackten Wände betrachtet und überlegt, welches seiner Kunstwerke dort am besten zur Geltung kommen würde. Wir sind Hundebesitzer oder Katzenliebhaber. Rennradler oder Alpin-Skifahrer. Hauseigentümer oder Mieter. Kreative Chaoten oder Systematiker. Eltern oder nicht. Sportlich oder nicht. Wir sind in unserer Bubble, und diese Spezialisierung (Interessen) filtert unsere Wahrnehmung so lange unbewusst, bis wir uns den Filter der Bubble bewusst machen.

Die Filterfalle: Erwartungen und Befürchtungen trüben den Blick

Besonders fies ist der unbewusste Einfluss unserer Erwartungen und Befürchtungen, weil sie der Trigger dafür sind, was unsere Köpfe füllt. Von den ersten Lebenswochen im Mutterleib an bauen wir uns ein Modell der Welt, eine Einschätzung, wie das Leben auf dieser Erde ist, und wir lernen, uns so zu verhalten, wie »man« sich verhalten sollte.

Wir lernen, wie stressig oder wie schön die Welt da draußen ist, welche Nahrungsmittel schmecken und welche nicht. Wir lernen, die Laute unserer Muttersprache als vertraut zu erkennen, wir lernen, was eine Kuh und was ein Tisch ist, was man mit einem Hammer macht (und was besser nicht!), dass die Ampel manchmal rot ist und wir stehen bleiben sollten, dass eine gelbe Banane essbar ist, eine grüne besser nicht.

Blitzschnell prüft unser Gehirn bei neuen Reizen, was vermutlich von ihnen zu erwarten ist, und bezieht dabei alles Gelernte, was in den Schubladen deines Langzeitgedächtnisses liegt, mit ein: alle Fakten sowie Kontext, Umgebung und andere Rahmenbedingungen.

Beispiel: Kommst du ins Esszimmer und siehst im Gegenlicht etwas mit vier Beinen, dann wirft dein Gehirn den Kontext »Wohnung« in den Ring und du wirst sehr schnell einen Tisch sehen, aber keine Kuh. Anders wenn du im Gegenlicht beim Spaziergang durch die Wiesen etwas mit vier Beinen siehst, dann wirst du nicht spontan rufen »Schau ein Tisch!«, weil du ihn dort einfach nicht erwartest. Es ist die Erwartung, die wir an bestimmte Situationen oder Lebensabschnitte haben, die beeinflusst, was wir wahrnehmen.

Rätsel mit »suggerierten« Antworten funktionieren mit Erwartungen

Auf dieser Schablone der Erwartungen bauen beispielsweise auch manche Rätsel auf. Wir werden mit einleitenden Worten in eine bestimmte Denkwelt versetzt, auf ein falsches Gleis geleitet, und prompt fallen wir auf Fragen rein. »Heißt es Dachgiebel oder Dachgabel?« »Dachgiebel!« »Mit was isst du die Suppe?« »Gabel!«

Von klein auf zimmern wir aufgrund unserer Erwartungen oder Befürchtungen an unserem Modell der Welt weiter. Wir lernen von Eltern und anderen Vorbildern und später selbst, ob die Welt eher gut oder eher schlecht ist. Ob es Autoritäten eher gut mit uns meinen oder nicht. Ob die Presse lügt, Politiker machtgeile Profiteure sind, man Angst vor Menschen einer bestimmten Hautfarbe haben sollte und Vorgesetze prinzipiell Ausbeuter sind. Oder ob von allem das genaue Gegenteil stimmt! Wir lernen Vorurteile, Stereotypen und Pauschalierungen, wir stecken Menschen, Branchen, Berufe, ja ganze Völker in Schubladen – und all das färbt unseren Wahrnehmungsfilter immer tiefer ein. Irgendwann sehen wir nur noch das, was wir sehen wollen.

Du siehst, was du erwartest

Um diesen Effekt zu verdeutlichen, erzähle ich in meinen Vorträgen gern die Geschichte vom Schwein, das sich aus seinem Stall stiehlt und hinunter zum Herrenhaus trottet. Hinter den

Ställen findet es ein Schlammloch. Vergnügt suhlt es sich darin, spaziert weiter zum Komposthaufen, den es mit seiner Schnauze ausgiebig durchwühlt, und entdeckt schließlich die Mülltonnen hinter dem Haus. Diese durchsucht es nach Essbarem, schlendert weiter zu den Blumen- und Gemüsebeeten und durchfurcht genussvoll den wunderschönen Garten. Als es zum Bauernhof zurückkommt, schnattern die Hühner, die seinen Ausflug beobachtet haben, aufgeregt: »Erzähl mal, man sagt, das Herrschaftshaus sei so wunderschön, mit prächtigen Zimmern, edlen Tapeten und teuren Vorhängen, wertvollen Gemälden an den Wänden und Gold und Silber überall. Hast du das alles gesehen?« Das Schwein grunzt: »Nein, ich habe nichts davon gesehen. Wo man hinschaut, ist dort nur Dreck, Verrottetes, Matsch und Müll.«[70]

Dein Modell der Welt zementiert sich weiter.

Solange wir uns die Macht unserer Wahrnehmungsfilter nicht bewusst machen, sehen wir also, was wir sehen wollen und zementieren unsere Sicht der Dinge immer mehr. Nicht weil wir dumm oder einfältig sind, sondern weil unser Gehirn es nicht mag, wenn wir widersprüchliche Eindrücke haben. Wir lehnen intuitiv alles ab, was unserem Weltbild nicht entspricht, und nehmen verstärkt das wahr, was unsere Haltung und unsere Meinung unterfüttert. Viele Menschen umgeben sich hauptsächlich mit den Menschen, die so ticken wie sie. Sie scheuen Diskussionen mit Andersdenkenden, vermeiden Ausflüge in andere Welten, öffnen sich nicht für neue Erfahrungen. Sie bleiben in ihrer Bubble, und sind fest davon überzeugt, dass ihre Sicht der Welt die richtige ist. Schon der Weltenbummler und Naturwissenschaftler Alexander von Humboldt wusste: »Die gefährlichste Weltanschauung ist die Anschauung der Menschen, die die Welt nie angeschaut haben.«

Unbewusst suchen wir ständig nach »Beweisen«, die unsere eigene Haltung weiter stärken. Soziale Medien haben das längst erkannt und lassen den Algorithmus genau die Bilder und Postings ausspielen, die du sehen willst. Egal ob Aktien, Wahlkampf, Ernährungstipps oder Trainingspläne – jeder von uns bekommt genau den Content angezeigt, der zu seinem Profil und den bisherigen Aktivitäten auf der Plattform zu passen scheint. Woher die Plattformen wissen, was dir gefällt? Ganz einfach: Jedes Verweilen auf einem Bild, jedes Herzchen, jeder Like, jeder Kommentar wird akribisch auf den Servern vermerkt und so deine Interessenswelt gebaut.

Unsere Bubble wird immer blickdichter, und die meisten Menschen denken von sich selbst, dass *sie* wirklich objektiv sind und über den Dingen stehen, während die anderen Menschen zu blind, zu uninformiert oder einfach zu blöd sind. Das ist das gleiche Phänomen wie beim Autofahren: Die meisten Menschen schätzen sich Studien zufolge als bessere Autofahrer ein als den Durchschnitt.[71] Was rechnerisch ja nicht hinhaut (die Mehrheit kann nicht besser sein als der Durchschnitt), trifft vor allem auf die schlechtesten Fahrer zu. Warum überschätzen sich gerade die Schlechtesten am meisten? Offenbar weil sie es nicht besser wissen, meinen die Psychologen Justin Kruger und David Dunning von der Cornell University. Denn die Kenntnisse, die einer bestimmten Fertigkeit zugrunde liegen, brauche man oft auch dafür, diese Fertigkeit richtig zu beurteilen. Der nach ihnen benannte »Dunning-Kruger-Effekt« besagt: Je weniger man sich auf einem Gebiet auskennt, desto schlechter erkennt man dieses Unvermögen.

Die Welt: eine Konstruktion des Gehirns

Wir sehen die Welt ausschließlich durch unseren Wahrnehmungsfilter – und nicht so, wie sie »wirklich« ist. Das gilt vielen Neurobiologen zufolge schon auf der einfachsten Ebene von Sinneswahrnehmungen und deren neurologischer Verarbeitung. Unsere Wahrnehmungen sind keine präzisen Abbilder der Außenwelt, sondern Abstraktionen und Konstruktionen des Gehirns auf Basis unserer früheren Erfahrungen. Wir nehmen Schallwellen, Lichtwellen oder sensorisches Empfinden wahr – und unser Gehirn konstruiert daraus unser individuelles Bild von der Welt. Ein bestimmtes Muster an Schallwellen nehmen wir als Sprache oder Musik wahr. Ist uns sogar die Abfolge von Tönen bereits bekannt, dann erkennen wir ein bestimmtes Lied. Elektromagnetische Wellen (Licht) unterschiedlicher Wellenlänge interpretieren wir als Farben. Der eine sieht die Wand »gelb«, der andere erkennt eindeutig »senfgrün«. Beide haben recht, denn Farben, Geräusche, Geschmack, Gerüche und alle Sinneswahrnehmungen sind nichts anderes als mentale Konstrukte des Gehirns.

Unsere Wahrnehmungsfilter sollten uns eigentlich das Leben leichter und die Fülle an Reizen beherrschbar machen. Neurologisch betrachtet erfüllen sie diese Aufgabe perfekt! Denn der Wahrnehmungsfilter Thalamus lässt genau die Reize ins Bewusstsein dringen, die wir (unbewusst) als relevant markiert haben. Doch wenn du davon überzeugt bist, dass deine tägliche Aufgabenflut, dass der ständige Stress und die ständige Hetze »normal« sind, und dass es doch allen so geht, dann zementiert diese Art von Wahrnehmungsfilter eher deine Selbstausbeutung, anstatt dich auf deinem gesunden Weg zu einem freien Kopf zu unterstützen.

Mentale Erschöpfung fördert Schubladendenken.

Vor allem wenn wir erschöpft sind, wenn unser Frontalhirn-Akku leer ist und unsere Willenskraft aufgebraucht, dann kommen wir aus unserem Schubladendenken gar nicht mehr raus. Das macht die Bahn erst recht frei für all unsere einschränkenden Überzeugungen, für unsere inneren Saboteure, die dann »bottom up« in Form von Befehlen wie »Sei nett!«, »Sei vorsichtig!«, »Sei stark!«, »Mach schnell!«, »Sei perfekt!« oder »Streng dich an!« die Regie übernehmen und verhindern, dass du an deinem Verhalten etwas änderst. Du wirst weiter auf jedes E-Mail-Pling sofort reagieren, du wirst der Reizüberflutung und dem Dauerfeuerwerk in deinem Kopf kein Ende machen können – weil »man« das doch nicht darf!

Je unreflektierter du mit deinen Modellen der Welt im Leben unterwegs bist, desto automatisierter läuft dein Verhalten ab. Du hinterfragst nicht, warum du dieses tust oder jenes bleiben lässt, sondern funktionierst wie der Pawlowsche Hund beim Glöckchenklingeln: Sobald ein Reiz auftaucht, zu dem du ein festes, also prima konditioniertes Weltbild hast, läuft der Rest automatisch ab. Noch dazu, wenn ein neues, eigentlich viel wünschenswerteres Verhalten dir innerlich Schmerzen bereiten würde.

- ◇ Wer mit dem Credo aufgewachsen ist, es immer allen recht machen zu müssen (»Sei nett!«), der kann nur mit großen inneren Schmerzen (Ausschüttung Schmerzcocktail!) Grenzen setzen. Also wird er einmal mehr die eigenen Bedürfnisse zurückstellen und den Kopf voller Verpflichtungen haben, was er für andere Menschen tun soll.
- ◇ Wer verinnerlicht hat, dass leichte Erfolge nichts wert sind (»Streng dich an!«), der wird sich immer wieder (unbewusst) das Leben schwer machen, Hindernisse magisch anziehen und sich nur nach den hohen Früchten recken. Das bedeutet mehr Anstrengung, mehr Kopf voll! Aber immer noch besser, als den Schmerz des vermeintlich »unverdienten« Erfolges aushalten zu müssen.
- ◇ Wer denkt, ein »guter« Vater müsse immer für seine Familie da sein, dürfe keine Schwäche zeigen (»Sei stark!«) und müsse deshalb immer erreichbar sein, der erlebt Schmerzen, wenn er sein Handy zu Hause vergessen hat.
- ◇ Wer überzeugt ist, die Welt sei ein unsicherer Ort (»Sei vorsichtig!«), der verbringt Stunden über Stunden damit, Versicherungen zu prüfen, Alarmanlagen einzubauen und sich Sorgen zu machen. Die »Absicherung« macht ihn happy – es schleifen zu lassen würde ihn stressen. Doch je mehr er absichert, desto mehr ist der Kopf voll.

Aus diesem Grund ist es so wichtig, dass wir erkennen, dass unsere »Wahr«-Nehmung aus der Perspektive anderer Menschen oder aus der Perspektive unseres »reiferen Ichs« eine »Falsch«-Nehmung sein kann: Jeder Reiz ist eingefärbt durch die individuellen Filter aus guten und schlechten Erfahrungen, aus Hoffnungen und Ängsten, aus Erwartungen.

Wahrnehmungsfilter säubern und den klaren Durchblick genießen

Wahrhaft richtig oder falsch ist immer nur deine individuelle und aktuelle Bewertung, aber keine allgemeingültige Wertung. Richtig oder falsch – alles ist richtig, aber es kann auch genau andersherum sein. Ausschlaggebend ist, dass du erkennst, welche Wahrnehmungsbrillen du auf der Nase hast, durch welche Filter die Reize aus der Außenwelt und deiner Innenwelt derzeit gehen. Du bekommst eine prima Erklärung dafür, warum du dich so verhältst, wie du dich verhältst.

Je reflektierter du in Bezug auf deine bewusste und unbewusste Wahrnehmung bist, desto achtsamer und selbstbewusster kannst du der Reizfülle in deinem Leben begegnen. Plus: Je besser du verstehst, warum welche Reize deine *bewusste* Wahrnehmung kapern, desto besser kannst du den Boden bereiten, um künftig aufmerksam und konzentriert zu sein. Je besser du deinen Thalamus briefst, je durchdachter deine »Checkliste« am Empfang deiner Brain AG ist, desto besser kannst du willentlich steuern, welche Reize in die Chefetage zum Arbeitsgedächtnis vordringen dürfen mit der Aufforderung »Kümmere dich darum!«. Unser Arbeitsgedächtnis hat nur eine sehr begrenzte Kapazität, da lohnt es sich, bewusst deinen Willen durchzusetzen!

Kopf frei! Brainhacks für bewusstes Wahrnehmen

Brainhack 19: Mache dir bewusst, dass jeder Mensch Wahrnehmungsfilter hat

Mache dir mit folgendem Experiment deutlich, dass wir häufig dem Trugbild der selektiven Wahrnehmung aufsitzen.

◇ Blicke dich aufmerksam um.

◇ Nimm alle Gegenstände wahr, die rot sind.

◇ Zähle sie.

◇ Sage mir, wie viele blaue Gegenstände du gesehen hast.

Wieso blau? Ich hatte dich doch gebeten, die roten Gegenstände zu zählen. Ja, genau. Du kannst mir keine Antwort geben? Natürlich nicht, denn du hattest deinen Fokus auf die roten Dinge gelegt und dabei die blauen übersehen. Du hast danach nicht Ausschau gehalten. Unbewusst sind sie deinem Radar entgangen – aber natürlich waren sie da.

Diese Übung ist eine gute Methode, um sich zu verdeutlichen, dass wir das wahrnehmen, was wir wahrnehmen wollen. Damit erinnern wir uns, dass die anderen Dinge (Meinungen, Fakten) ebenso da sind – wir haben nur nicht darauf geachtet!

Brainhack 20: Hinterfrage deine Wahrnehmungen

Sobald uns bewusst ist, dass wir Wahrnehmungsfilter haben, haben wir bereits einen wichtigen und richtigen Schritt in Richtung selbstbestimmtes Tun geschafft. Im nächsten Schritt können wir aktuelle Wahrnehmungen auf den Prüfstand stellen, ob sie für uns wirklich gelten – oder ob wir nur (noch) in alten Mustern, alten Überzeugungen gefangen sind.
Frage dich im Alltag bewusst, wenn du etwas wahrnimmst und innerlich bewertest:

- Stimmt das wirklich?
- Wer sagt das?
- Woher weiß derjenige, dass das richtig ist?
- Stimmt das immer?
- Stimmt das überall auf der Welt?
- Stimmt das für jedes Lebewesen?
- Was wäre, wenn es auch ganz anders sein könnte?
- Wie würde ein kritischer Gegner meiner Meinung es wohl sehen, empfinden, bewerten, verarbeiten?
- Woher weiß derjenige, dass seine Meinung stimmt?

Suche bewusst den Austausch mit Menschen, die die Welt anders sehen als du. Das hilft beim Perspektivenwechsel und beim Bewerten deiner Wahr-Nehmungen.

Brainhack 21: Sprich so mit dir, wie es dir guttut

Überprüfe im Zusammenhang mit deiner Wahrnehmung, wie du selbst mit dir sprichst und welche Worte die Menschen in deinem Umfeld verwenden. Frei nach Äsop können wir nämlich »Pass auf was du sagst, es könnte in Erfüllung gehen« neurowissenschaftlich belegen.

Worte erzeugen Wirkung. Damit meine ich jetzt nicht, dass wir andere mit unseren Worten verletzen, trösten, ärgern oder fröhlich stimmen können. Nein, im Laufe unserer Erziehung und im Kokon unserer Kultur verknüpfen wir bestimmte Worte mit bestimmten Emotionen. Beispiel: Bis 2020 war Corona für die meisten Menschen nur ein Bier, heute verbinden sie es mit Ängsten, Frust oder anderen Gefühlen.

Worte senden emotional geladene Signale an unser Gehirn und Ausdrücke, die wir häufig benutzen, verändern offenbar sogar neuronale Strukturen dauerhaft. »Worte des Ärgers senden Alarmsignale durch das Gehirn und stören die Logik- und Vernunftzentren in den Frontallappen«, schreiben die Neurowissenschaftler Andrew Newberg und Mark Robert Waldman[72]. Positive Worte hingegen stärken Bereiche im Frontallappen und verbessern unser logisches Denken. Außerdem verändert unsere Wortwahl unseren Wahrnehmungsfilter, unseren Thalamus – und damit das, was wir von der Realität wahrnehmen, wie wir uns selbst, andere Menschen und die Welt sehen: Wenn wir positiv sprechen, sehen wir die Welt und andere Menschen freundlicher. Wenn wir negativ sprechen, sehen wir die Welt und andere Menschen kritischer. »Auf lange Sicht nimmt deine Seele die Farbe deiner Gedanken an,« nahm Marcus Aurelius vor fast 2000 Jahren die Erkenntnisse der Gehirnscans vorweg.

Welche Worte färben deine Seele?

- ◇ Beobachte, welche Nachrichten auf dich einprasseln, und entscheide, welchen Kanälen du wirklich folgen willst.
- ◇ Musst du im Bett schon Nachrichten lesen und auf nüchternen Magen die Schrecken der Welt ins Gehirn lassen?
- ◇ Welchen Influencern folgst du – wie sehen sie die Welt? Wie drücken sie sich aus? Stimmen dich ihre Botschaften eher froh, oder ziehen sie dich runter?

- ◇ Wie sprichst du mit dir selbst? Eher wohlwollend oder ständig kritisierend?
- ◇ Wie sprichst du mit deinen Kindern, deinem Schatz, deinen Eltern, Freunden und Kollegen? Wie sprechen sie mit dir?

Wenn du eher liebevoll sprichst, wirst du – das ist wissenschaftlich erwiesen! – in einer wohlwollenderen und fröhlicheren Welt leben. Bringe deinen Thalamus und deine Wahrnehmungsfilter immer wieder bewusst in die Stimmung, die für deinen Alltag hilfreich ist. Unterstütze dich mit geführten Meditationen oder inspirierenden Affirmationen dabei, dass deine Seele die richtige Farbe bekommt. (In deinem Deep-Dive-Bereich findest du entsprechende Videos dazu.) Färbe deinen Wahrnehmungsfilter sprachlich so ein, dass er dich gut auf deinem Weg unterstützt.

Brainhack 22: Lerne es, deine Wahrnehmung zu lenken

Dass wir Menschen unsere Wahrnehmung willentlich lenken können, gibt uns die Möglichkeit, unseren Thalamus über den Verstand neu zu briefen. Es schenkt uns die Chance, unsere Laune gezielt zu beeinflussen und sogar unseren Kopf von unnötigen Gedanken zu befreien. Das bedeutet, wir können *willentlich* unsere Wahrnehmung abziehen von dem, was wir jetzt gerade *nicht* wahrnehmen wollen.

Gehörst du zu den Menschen, die genüsslich breittreten, was schon wieder alles nicht geklappt hat? Wie idiotisch die Chefin heute war? Wie nervig die Oma mit ihrem Kleingeld-Gekrame an der Supermarktkasse? Manche Menschen sind wahre Drama-Queens, die den Feierabend erstmal mit einer »Litanei der Tages-Idiotien« einläuten. Wie schade um die wertvolle Lebenszeit! Da hast du heute schon einen unschönen Moment gehabt, und jetzt wirfst du noch wertvolle Lebensminuten hinterher, um über etwas zu lamentieren, was du nicht mehr ändern kannst.

Falls du (oder andere Menschen, die du kennst) so handeln, dann seid ihr dem Phänomen der »Sunk costs« aufgesessen. »Sunk costs« bedeutet, dass wir sinnlosen (finanziellen) Ausgaben lieber noch mehr Geld hinterherwerfen, als einen klaren Cut zu machen. Da weiß die Geschäftsleitung längst, dass das neue Softwareprogramm Mist ist, aber anstatt es einzustampfen, zahlt man über Jahre viel Geld, damit ein Flickwerk weiterhin läuft. Sehr häufig verhalten wir uns ebenso. Aber das müssen wir ja nicht! Denn du kannst entscheiden, dass du damit aufhörst, den »Sunk costs« noch mehr Zeit hinterherzuwerfen.

Genauso funktioniert das auch mit störenden Reizen, die dich antriggern und um Platz in deiner Wahrnehmung buhlen. Die deinen Kopf füllen würden – obwohl du das gar nicht (mehr) willst. Wir können bewusst Aufmerksamkeit von negativen Reizen abziehen, indem wir ihnen eben *keine* Beachtung schenken, indem wir *nicht* mit dem Lichtkegel auf der Bühne des Lebens ins Dunkle leuchten – was das negative Gefühl nur verstärken würde. Denn wenn du dir sagst: »Nein, ich denke jetzt nicht an die blöde Bemerkung der Kollegin!«, dann verstärkst du den Gedanken erst recht. Das ist wie mit dem berühmten rosa Elefanten (»Denke nicht an einen rosa Elefanten!«): Indem du nicht daran denken willst, hast du ihn schon auf die innere Bühne gestellt.

Wir können den Fokus von Sorgen abziehen, indem wir den Spot bewusst auf etwas anderes richten, also unsere Wahrnehmung auf etwas Positives lenken. Ja, wir lenken uns ab – und nichts anderes tun auch Mönche, wenn sie tiefenentspannt in der Meditation versinken. Sie haben den Geist nicht leer, sondern richten die Aufmerksamkeit auf eine imaginäre Leere.

Bei Kindern machen wir das automatisch: Sobald das Genörgel im Auto losgeht, wie lange die Fahrt noch dauert, fangen wir ein Spiel wie »Ich sehe was, was du nicht siehst!« an. Wenn sich ein Kind das Knie aufgeschlagen hat, dann wäre es töricht, den Schmerz noch zu verstärken, indem wir sagen: »Um Gotteswillen, das schaut ja furchtbar aus, das tut sicher sehr, sehr weh und wird ewig nicht heilen!« Nein, wir singen eine Heile-Heile-Segen-Lied, lenken mit einer Geschichte ab oder pusten »das Aua« weg.

Von welchen Reizen willst du willentlich ab sofort die Wahrnehmung abziehen? Welchen »Sunk costs« wirst du ab sofort keine wertvolle Lebenszeit mehr hinterherwerfen?

Brainhack 23: Besiege dank verzögerter Wahrnehmung die Hetzkrankheit

Gerade wenn wir gestresst sind, dann hetzen wir durch die Tage, versuchen, Zeit zu »sparen«. Das Resultat: noch mehr Stress.

Hast du von den beiden griechischen Göttern der Zeit, Chronos und Kairos gehört? Chronos steht sinnbildlich für die Taktung und den Ablauf der (Lebens-)Zeit, ihm haben wir den Namen der Uhren – Chronometer – zu verdanken. Ihm gegenüber steht der zweite Gott der Zeit – Kairos. Kairos ist der Gott der Zeitqualität, des guten Moments, des günstigsten Augenblicks. Er steht dafür, mehr auf ein *erfülltes* Leben zu achten, statt einem gefüllten Tagesablauf hinterherzujagen.

Wenn du deinen Kopf frei bekommen willst, dann löse dich von der Diktatur des Chronos und rücke Kairos in den Mittelpunkt deines Tuns: Trainiere es, die Momente bewusst zu erleben, achtsam im Tun zu sein und mehr Lebens*qualität* zu spüren, statt Aufgaben*quantität* zu stemmen. Trainiere dazu bewusst eine verzögerte Wahrnehmung:

◇ Betrachte Dinge, Bäume oder Häuser länger, circa drei Sekunden lang. Dadurch nimmst du sie bewusster wahr und entschleunigst automatisch.

- ◇ Lege in der Freizeit oder zumindest im Urlaub deine Uhr ab. Esse, schlafe, arbeite oder spiele ausschließlich nach deiner inneren Uhr.
- ◇ Mache bei Verabredungen möglichst keine festen Uhrzeiten, sondern dehnbare Zeiträume aus. Halte es wie die Inuit, die sich »bei Dämmerungsbeginn« treffen. So weißt du von vornherein, dass du möglicherweise auf den anderen warten wirst und trainierst deine Geduld.

Wo die Konzentration verloren geht

In unserer dynamischen Welt ist es schwierig, konzentriert und aufmerksam zu bleiben. Aber du kannst lernen, dein Gehirn gegen diese enorme Belastung zu schützen und zu stärken. Bist du bereit für die Herausforderung?

Viel um die Ohren bedeutet Hochbetrieb im Arbeitsgedächtnis

Was bisher geschah: Von den Milliarden Reizen in und um dich herum haben es zig Millionen an den Gatekeepern deiner Sinnesorgane vorbei ins Gehirn geschafft. Der Großteil von ihnen ist in dein Unterbewusstsein gerauscht, einen kleinen Rest haben die strengen Empfangsmitarbeiter des Thalamus in dein Bewusstsein gelassen, fein etikettiert von der Jury aus Amygdala und Nucleus accumbens mit »positiv« oder »negativ«. Aus Gründen, die mit deinen Erwartungen, Erfahrungen, Wünschen, Ängsten, deinem Temperament und deiner Persönlichkeit zu tun haben, durften diese Reize deinen Wahrnehmungsfilter passieren und stehen jetzt in der Chefetage im Arbeitsgedächtnis und rufen: »Kümmere dich um mich!«

Je mehr Reize auf dich einstürmen, die dich *prinzipiell* interessieren und dir wichtig erscheinen, desto mehr Treiben herrscht in deinem Arbeitsgedächtnis und desto mehr mentale Energie brauchst du, um allen Besuchern gerecht zu werden. So herrscht in deinem Arbeitsgedächtnis ein Summen und Surren wie am Sonntagnachmittag auf dem Rummelplatz. Und tatsächlich: Da dreht sich in der Mitte des Chefbüros ein Kinderkarussell mit Seepferdchen, auf denen es sich einige Reize schon bequem gemacht haben. Neurowissenschaftlich ausgedrückt spielen jetzt die Gehirnregionen des Hippocampus (aus dem Griechischen für »Seepferdchen«) eine Rolle. Und so wie sich das Karussell im Kreis dreht, so kreisen auch Informationen durch den sogenannten »Papez-Neuronenkreis« von und zum Hippocampus. Je länger Gedächtnisinhalte dabei in diesem Neuronenkreis zirkulieren, der nach seinem Entdecker, dem US-amerikanischen Neuroanatom, James Papez benannt wurde, desto eher werden sie dauerhaft gespeichert. Im Alltag bemerken wir die Notwendigkeit der Schleifen, weil wir uns neuen Stoff nur dauerhaft merken können, wenn wir ihn ständig wiederholen.

Tauchen Gedächtnis- und Merkfähigkeitsprobleme auf, dann sind in der Regel die Hirnstrukturen von Hippocampus und Papez-Neuronenkreis betroffen. Bei Menschen, die an Morbus Alzheimer erkranken, reduziert sich beispielsweise die Zellmasse des Hippocampus, während Verletzungen dieser Region zu auffälligen Gedächtnisstörungen der Langzeiterinnerungen führen. Gehen Hirnareale kaputt, die Teil des Papez-Neuronenkreises sind, dann beeinträchtigt dies vor allem unser Arbeitsgedächtnis, also die kurzfristige Speicherung neuer Inhalte. Auch diese Hirnstrukturen sind wieder eng vernetzt mit anderen Arealen, wie dem Planungs- und Handlungszentrum im präfrontalen Cortex.

Wichtig: Der Hippocampus ist daran beteiligt, dass Informationen verarbeitet werden und Lernen möglich wird, er ist jedoch nicht per se das Arbeitsgedächtnis! Es handelt sich um regional abgegrenzte Bereiche unseres Gehirns, während wir mit unseren Gedächtnissen (Ultrakurzzeit-, Arbeits- und Langzeitgedächtnis) mentale Fähigkeiten bezeichnen, aber keine biologische Region.

Unser Arbeitsgedächtnis: der flinke, aber beschränkte Zwischenspeicher im Kopf

Unser Arbeitsgedächtnis ist eine Art Zwischenablage für all jene Informationen, die wir im Moment, aber nicht auf Dauer benötigen. Es ist unser Verarbeitungszentrum, wo sich entscheidet, was weiter passiert. Sind die soeben bewusst empfangenen Reize so wichtig, dass sie dich sofort ins Tun bringen sollten (»Wow, gut, dass ich daran denke – ich muss gleich die Kunden-Mail an die Kollegin weiterleiten!«), dann senden die

Neuronen die notwendigen motorischen oder kognitiven Befehle an den Cortex, damit du wirklich etwas unternimmst: »Steh auf! Schreibe die Mail! Schicke sie ab!« Sind Infos doch nicht so relevant, wie erst gedacht, dann überschreiben die Arbeitsgedächtnis-Neuronen die Inhalte ratzfatz mit neu eintreffenden Informationen.

Das ist wie im Arbeitsspeicher deines Laptops, wo die eingehenden Bits und Bytes verarbeitet und Befehle ausgeführt werden. Je mehr Fenster und Apps parallel offen sind, oder je komplexer die auszuführenden Spiele, Schreib-, Rechen- oder Grafikprogramme sind, desto mehr ist der Arbeitsspeicher ausgelastet. Ist es ihm zu viel, dann »hängt« er sich auf. »Keine Rückmeldung« steht oben am Bildschirm, der Programminhalt verblasst und ein Rädchen dreht sich langsam. Da hilft es auch nicht, die Maus zu malträtieren, zu klicken oder zu fluchen. Der Arbeitsspeicher braucht einfach seine Zeit für die Verarbeitung – ohne Störungen – und dann funktioniert er wieder. Ähnlich können wir uns das im Gehirn vorstellen: Ist im Arbeitsgedächtnis der Ansturm zu groß, haben wir zu viele Anfragen, Aufgaben, Entscheidungen und Gedanken gleichzeitig, dann erleben wir: »Keine Rückmeldung« – Hirn leer! Selbst einfachste Fragen können wir in einer solchen Lage plötzlich nicht beantworten.

Doch während du deinen Computer mit einem größeren Arbeitsspeicher aufrüsten kannst, um damit flotter und mehr parallel zu bearbeiten, ist unser menschliches Arbeitsgedächtnis tatsächlich biologisch beschränkt: Wir können nur wenige Informationshäppchen, sogenannte Chunks, zwischenspeichern.

Je mehr an Informationen gleichzeitig auf uns einprasselt, desto weniger gut können wir nachdenken, Entscheidungen treffen oder konzentriert arbeiten. Je mehr wir versuchen, an alles gleichzeitig zu denken, desto mehr fährt unser Gehirn seine Leistungsfähigkeit zurück. Das Arbeitsgedächtnis ist überlastet, wird langsamer, ineffektiv und macht Fehler. Bis es irgendwann die Notbremse zieht und den Dienst verweigert.

Der Mythos der magischen Sieben

Im Jahr 1956 sinnierte der US-amerikanische Psychologe George A. Miller in einem Vortrag humorvoll über die »magische Zahl Sieben« und wertete Studien aus, inwiefern diese Zahl auch zutreffend sei bei der Informationsverarbeitung im Kurzzeitgedächtnis. Er kam zu dem Ergebnis, dass unsere Kurzmerkspanne »irgendwo in der Nachbarschaft der 7« läge. Wer smart sei, könne aber auch bis zu 150 Chunks verarbeiten.[73]

Obwohl Miller nie behauptet hat, unser Arbeitsgedächtnis könne rund sieben Chunks speichern, ging die Überschrift seines auf den Vortrag folgenden Artikels in der Zeitschrift *Psychological Review* »Die magische Zahl Sieben plus oder minus zwei: Einige Grenzen für unsere Fähigkeit zur Verarbeitung von Informationen« als »Millersche Zahl« in die Fach-Annalen ein. Die Millersche Zahl wird fleißig zitiert mit der Behauptung, unser Kurzzeitgedächtnis (Arbeitsgedächtnis) könne 7±2 Informationseinheiten verarbeiten – ein weiteres schönes Beispiel wie Mythen entstehen.

Aufmerksamkeit und Konzentration: Was ist normal?

Konzentration ist die Fähigkeit, Handlungen absichtsvoll zu steuern und ihre Ausführung zu kontrollieren (Handlungskontrolle). Im Alltag ist ein Mensch dann konzentriert, wenn er absichtsvoll das – und nur das – tut, was er sich vorgenommen hat.

Aufmerksamkeit dagegen bezieht sich auf die Fähigkeit, Informationen zu selektieren und andere zu ignorieren, um diese zur Grundlage von Wahrnehmung, Denken und Handlungen zu machen. Du kannst also aufmerksam sein – und dabei nicht konzentriert. Während du, wenn du konzentriert bist, automatisch aufmerksam bist. Konzentration ist eine Art Unterform der Aufmerksamkeit, und je länger du diese Art der Aufmerksamkeit halten kannst, desto länger bist du konzentriert.

Halte bitte kurz inne, und frage dich:

◇ Was bedeutet Konzentration für dich?

◇ Was bedeutet Aufmerksamkeit für dich?

◇ Woran merkst du, dass du konzentriert bist?

◇ Woran merkst du, dass du aufmerksam bist?

◇ Wie lange möchtest du jeweils in diesem Zustand bleiben? Reden wir über Minuten oder über Stunden?

Wer konzentriert sein und bleiben will, der darf sich den Ansturm auf sein Arbeitsgedächtnis liebevoll-kritisch genauer anschauen, um das Hippokarussell und den Papez-Neuronenkreis mit sinnvollen Strategien zu entlasten. Wichtig ist aber auch, dass wir uns näher ansehen, welcher Grad an Aufmerksamkeit und Konzentration überhaupt normal ist und wo wir uns mit überzogenen Erwartungen unnötig unter Druck setzen.

Die vielen Gesichter der Aufmerksamkeit

Aus Sicht der kognitiven Neuropsychologie gibt es mehrere Formen der Aufmerksamkeit:

- **Ungerichtete Aufmerksamkeit (Alertness):** Allgemeine Reaktionsbereitschaft und Wachheit, die beeinflusst, wie schnell wir kognitive Inhalte verarbeiten (abhängig von Faktoren wie der Tageszeit und körperlichen Verfassung). Sie reicht von hellwach bis nicht weckbar.
- **Gerichtete Aufmerksamkeit (selektive oder fokale Aufmerksamkeit):** Fähigkeit, die Aufmerksamkeit auf eine (relevante!) Reizquelle zu richten und Unwichtiges zu unterdrücken. Kann gezielt geschehen (ich will das wahrnehmen) oder auch automatisch (unser Wahrnehmungsfilter sortiert aus). Wir richten auf unserer Lebensbühne den Spot auf das Relevante.
- **Längerfristige Aufmerksamkeit (Vigilanz):** Bei niedriger Reizfrequenz und monotoner Reizsituation so aufmerksam bleiben, dass auf zufällige, niederschwellige und seltene Ereignisse reagiert werden kann (wie lange Autofahrten auf monotonen Strecken, öder Unterricht).
- **Längerfristige Aufmerksamkeit (Daueraufmerksamkeit):** Bei anhaltend hoher Reizfrequenz konzentriert bleiben, beobachten und reagieren (beispielsweise Fluglotsen, die alle zwei Stunden eine Pause machen müssen).
- **Geteilte Aufmerksamkeit (geweitete, nicht-fokale Aufmerksamkeit):** Verschiedene Reize können gleichzeitig in einer oder unterschiedlichen Sinnesmodalitäten

wahrgenommen werden. Das kennst du vielleicht, wenn du bei einem Brunch eingeladen bist, bei dem der Geräuschpegel des Small Talks sehr hoch ist und du plötzlich am anderen Ende des Raumes deinen Namen fallen hörst. Du kannst ihn hören, obwohl du nicht *hin*gehört hast. Wir können also Signale empfangen und verarbeiten, ohne dass wir unsere Aufmerksamkeit auf sie gerichtet hatten.

◇ **Unfokussierte Aufmerksamkeit:** Zustand, in dem wir eine Situation, eine Szene einfach auf uns wirken lassen und keine Eindrücke oder Gedanken festhalten. Für die meisten Menschen ist es sehr schwer, diese weite, möglichst unfokussierte Aufmerksamkeit über einen längeren Zeitraum zu halten. Genau diesen Zustand üben wir in der Meditation. Im meditativen Zustand sind wir uns bewusst, was wir gerade machen, ohne uns dabei in Gedanken, Sorgen oder Vorstellungen zu verlieren. Wer den Alphazustand erreicht (ein wissenschaftlich fundiertes Konzept in der Gehirnforschung) ist in einem höchst wachen, kreativen, geistig und körperlich entspannten Zustand: Wir erleben eine ruhevolle Wachheit.

Aufmerksam und konzentriert: Spiele die Klaviatur zwischen fokussiert und meditativ

Du wünschst dir mehr Konzentration und Leistungsfähigkeit? Vielleicht machst du aber bereits jetzt schon alles richtig? Vielleicht musst du an deiner Fähigkeit, fokussiert zu sein, gar nichts ändern, sondern nur an deiner Sichtweise? Weil du bereits die Klaviatur zwischen »ungerichteter« und »selektiver Aufmerksamkeit« genial beherrschst? Vielleicht machst du dir

Stress, »konzentrierter sein zu müssen«, weil du glaubst, du sollest dich dauerhaft im fokalen Stadium aufhalten?

Rein biologisch können wir nicht über einen längeren Zeitraum fokal höchst aufmerksam sein. Es ist auch normal, wenn wir von Minuten der Fokussierung sprechen und nicht von Stunden. Im Kapitel über den Stress hatten wir ein Hohelied auf die Macht der Pause gesungen, und du erinnerst dich vielleicht an die Chronobiologen, die festgestellt haben, dass wir im Schnitt 70 Minuten konzentriert und produktiv arbeiten können. Danach gehen Aufmerksamkeit und Leistungskurve in den Keller. Von sich selbst also zu erwarten, über Stunden fokussiert sein zu können, widerspricht den Mechanismen unseres Körpers.

Kein menschliches Gehirn ist dazu fähig, sich länger als drei Stunden am Stück wirklich zu konzentrieren. Wer mehr als sechs Stunden täglich arbeitet, verbringt automatisch einen großen Teil dieser Zeit mit Scheinarbeit, surft im Internet oder trödelt an der Kaffeemaschine herum. »Menschen sind während eines 8-stündigen Arbeitstags im Durchschnitt nur drei Stunden lang wirklich produktiv«, meint Neurowissenschaftlerin Friederike Fabritius[74].

Studien zufolge befinden wir uns sogar rund 50 Prozent der Wachzeit in einem tagträumerischen Zustand, in dem unsere Gedanken wild umherschweifen.[75] Nur sind sich die wenigsten Menschen darüber bewusst oder können benennen, was da gerade in ihnen vorgeht. Besonders wenn wir *nicht* an eine konkrete Sache denken, dann arbeitet unser Gehirn anders – und für unsere Kreativität ist dieses freie Assoziieren unersetzlich.

Auch hier gilt: Um sich länger konzentrieren zu können, ist es hilfreich, wenn wir ausgeschlafen sind, keinen Hangover von der letzten Party haben, unser Gehirn gut genährt mit Flüssigkeit und Glukose ist, und du für ausreichend Sauerstoff sorgst. Wann immer du denkst oder das Gefühl hast, du bist nicht konzentriert, dann frage dich:

◇ Habe ich genügend getrunken?
◇ Habe ich genügend gegessen?
◇ Habe ich genügend geschlafen?
◇ Bin ich insgesamt wach genug (oder gerade im Nach-dem-Mittagessen-Koma)?
◇ Ist mein Gehirn genügend »durchlüftet«?

Fünfmal ein »Ja« schafft die nötige Basis, damit Konzentration überhaupt möglich ist. Selbst wenn dich ein Thema gar nicht interessiert oder sogar langweilt, so gut gepäppelt kannst du willentlich deinen engen Fokus (Spotlight) auf die anstehenden Aufgaben richten und sie erledigen.

Aufmerksamkeit – auch eine Frage deiner Persönlichkeit

In welchem Stadium der Aufmerksamkeit wir uns am liebsten aufhalten und bei welcher Zeitspanne der Konzentration wir am produktivsten sind, ist auch eine Frage unserer Persönlichkeit und unseres Denkstils. So sind Menschen, die einen hohen Grad an »Offenheit für neue Erfahrungen«[76] haben und alle kreativen Chaoten am motiviertesten und am produktivsten, wenn sie sich im Aufmerksamkeitsstatus »geweitete, nicht-fokale Aufmerksamkeit« befinden, und wenn sie sich in kurzen Zeiteinheiten auf ein Thema konzentrieren. In meinen Trainings bezeichne ich sie als »Mosaik-Arbeiter:innen«, die ähnlich wie in einer wunderschönen Legearbeit aus Mosaiksteinchen lieber kleine Zeiteinheiten für einzelne Aufgaben investieren, als die »Platten-Arbeiter:innen«, die produktiver sind, wenn sie lange Zeiteinheiten an einem Thema arbeiten.

Als vielseitig Interessierte, als Polypotentials und als Scanner-Persönlichkeiten paddeln kreative Chaoten wie Igor Ideenreich und Wanda Wills-Wissen begeistert im Meer der Möglichkeiten und werden von neuen Themen geradezu »angesprungen«. Die empathischen Hanny Herzlichs, die zwischen den Zeilen lesen, zwischen den Worten hören und überall Aufgaben erkennen – auch wenn andere Menschen das gar nicht so gemeint hatten –, sagen überdurchschnittlich häufig Ja zu (unausgesprochenen) Bitten – und jedes Ja schickt mindestens ein neues To-do ins Arbeitsgedächtnis.

Um im Bild der Beleuchtung zu bleiben: Ihre Lebensbühne wird wie die Tanzfläche in einem Club im Rhythmus der Musik mal hier, mal dort in den verschiedensten bunten Farben angeleuchtet, mal blitzt hier was Interessantes auf, mal da. Auf diese Weise nehmen sie ständig neue spannende Dinge wahr, um die sich natürlich kümmern wollen.

Neue Möglichkeiten triggern das Belohnungssystem

Eine geweitete Aufmerksamkeit in Verbindung mit einem entsprechenden Wahrnehmungsfilter (»Sei nett!«) füllt die Köpfe der Empathischen (und ihre To-do-Listen) schneller, als sie wollen. Dagegen ist es das Los der vielseitig Interessierten, im Disko-Stroboskop die Fülle der Möglichkeiten aufblitzen zu sehen, angetriggert zu sein von »Ich möchte nichts verpassen!« (FOMO) oder »Mensch, ist das alles spannend!« – und auch dann hat der Tag zu wenig Stunden, um alles unter einen Hut zu bekommen. Hast du noch einen verantwortungsvollen Beruf mit vielen Aufgaben und tausend Prioritäten, einen quirligen familiären Alltag, einen großen Freundeskreis oder bist ehrenamtlich sehr engagiert, dann ist es kein Wunder, dass dir regelmäßig der Schädel platzt.

Erinnerst du dich, dass sich der Thalamus alles merkt, was uns interessiert oder was uns derzeit emotional beschäftigt, und es deshalb in unser Bewusstsein, ins Arbeitsgedächtnis schickt? Das bedeutet: Je mehr du dich für viele Themen interessierst, je offener du anderen Menschen begegnest, desto mehr Reize wirst du auch bewusst wahrnehmen.

Da sie offen sind für neue Impulse, neugierig und aufgeschlossen durch die Welt gehen, erleben kreative Chaoten ein Dauerfeuer der Neuronen. Sie haben die Fähigkeit, mehrere Reize gleichzeitig wahrzunehmen, eine Fähigkeit, die schon unseren Steinzeitvorfahren das Überleben gesichert hat. Bevor ein Jäger seinen Fokus auf ein zu erlegendes Tier richten konnte, musste er es ja erstmal erspähen. Ein diffuser Fokus war wichtig, um überhaupt die Fährte aufnehmen zu können. Auch auf der Suche nach essbaren Pflanzen, Beeren oder Nüssen mussten die Urzeitmenschen die ganze Szenerie ausleuchten und wahrnehmen. Mit einem zu engen Fokus wären sie einen Meter am Beerenstrauch vorbeigelaufen und verhungert.

Spot der Konzentration auf das »Richtige« lenken

Wie gesagt können sich Menschen, mit einem Talent für geweitete Aufmerksamkeit durchaus sehr gut konzentrieren. Sie schaffen es, »konzentriert bei der Sache zu bleiben«, den Spot auf *die eine* Sache zu lenken, um die sie sich willentlich kümmern wollen. Doch leider ist »die Sache« in den Augen systematischer Zeitgenossen häufig nicht die Richtige.

Vielleicht hast du als Kind schon gehört, du sollst nicht stundenlang träumen, dir nicht so wirre Fantasiegeschichten ausdenken oder gar: »Von Kunst kann man keine Familie ernähren!« Für deine Kritiker waren der Inhalt und die Form der Aufmerksamkeit nicht das, was »man« tun sollte.

Heute weißt du, diese Menschen haben aus dem Blickwinkel ihres individuellen »Modells der Welt« gesprochen und ihre »Wahr-Nehmung« muss nicht die für dich passende sein. Immerhin gibt es zig Beispiele von Menschen, die genau mit ihrer geweiteten Art der Aufmerksamkeit einen großen Erfolg eingefahren haben. Nimm beispielsweise die Autorin Joanne K. Rowling, deren Geschichte von Harry Potter beim Tagträumen im Zug entstand.

Wenn Störungen die Konzentration in tausend Stücke zerreißen

Konzentration hängt also von der inneren Bereitschaft und Fähigkeit ab, uns auf »die eine Sache« zu fokussieren. Es bedeutet die ganzen mentalen Störfeuer in uns abzustellen, all die unerledigten Themen, all die ausstehenden Entscheidungen, all die belastenden Sorgen für den Moment zum Schweigen zu bringen. Aber Konzentration hängt auch massiv davon ab, dass wir nicht ständig mit Reizen von außen herausgerissen werden. Konzentriert sein bedeutet vor allem, das »Rauschen« um uns herum auszublenden oder am besten komplett abzustellen. Konzentriert bei der Sache zu bleiben bedeutet, im Moment *nichts* wahrzunehmen. Es bedeutet, die äußeren Störfaktoren in die Schranken zu weisen und sich störungsfreie Zeiten und Rückzugsräume zu schaffen. Doch das ist heute schwerer denn je.

Störungen sind heute normal – mit bitteren Folgen

»Kannst du kurz mal …?« »Hast du gerade mal zwei Minuten?« »Ach, weil ich dich gerade sehe …« Ständige Unterbrechungen sind heute Standard. Kaum ein Berufstätiger, der störungsfrei arbeiten kann. Kaum eine private Stunde, in der wir nicht herausgerissen werden aus dem, was wir »eigentlich« gerade tun. Störungen haben sich zum Zeitfresser und Stressfaktor Nummer eins in unserem Alltag entwickelt. Wurden wir im Jahr 2004 alle elf Minuten gestört[77], so unterbrechen die Beschäftigten in deutschen Unternehmen jüngsten Erhebungen von 2022 zufolge im Schnitt alle vier Minuten ihr Tun: Telefon, E-Mail, Pushnachrichten, in der Tür stehende Kollegen oder klingelnde Lieferboten, aber auch der spontane Blick in Social Media reißen uns aus dem konzentrierten Tun.[78]

Permanente Störungen fragmentieren unseren Arbeitsalltag am Arbeitsplatz genauso wie im Homeoffice und torpedieren laut neurowissenschaftlichen Studien unsere Produktivität immens: Wir brauchen nach einer Störung mindestens 15 Prozent der Aufgabenzeit zum erneuten Fokussieren. Bei komplexen Aufgaben steigt die Zeit, die unser Gehirn zur Re-Fokussierung benötigt, auf bis zu 24 Prozent an. Für deutsche Unternehmen entstünden damit 58 Milliarden Euro an Kosten pro Jahr – nur für die Zeit, bis wir den roten Faden wieder haben! Oder anders ausgedrückt: Auf den Monat gerechnet verlieren Vollzeitbeschäftigte drei volle Arbeitstage durch Fragmentierung.

15 Störungen pro Stunde! Bevor wir wieder konzentriert arbeiten können, kommt längst die nächste Unterbrechung. Selbst wenn wir eine aufgepoppte Mail lediglich überfliegen (nicht bearbeiten!), brauchen wir im Schnitt 64 Sekunden, um gedanklich beim »eigentlichen« Thema wieder anzudocken.[79]

Wir haben verlernt, fokussiert zu bleiben. Ständig technisch und innerlich »auf Abruf« zu sein, hat dafür gesorgt, dass wir technisch, physisch und mental gar nicht mehr abschalten können. Unsere Aufmerksamkeitsspanne sank in den letzten Jahren messbar, und mittlerweile reißen wir uns sogar ständig selbst aus dem Tun. Vor sieben Jahren haben wir im Schnitt alle 18 Minuten einen Blick auf Nachrichten in den Sozialen Medien geworfen[80]. 2022 unterlagen die deutschen Beschäftigten bereits sechsmal pro Stunde inneren Fragmentierungen. Alle zehn Minuten unterbrachen sie also ihre Arbeit ohne äußeren Impuls und prüften anlasslos beispielsweise ihr E-Mail-Postfach. Die Anzahl der äußeren Fragmentierungen (Unterbrechungen von außen) lagen bei neunmal pro Stunde – kein großer Unterschied.

»Wechselkosten« steigen

Wann immer wir zwischen Aufgaben oder Störungen switchen, wirft unser Arbeitsgedächtnis die gerade »bedachten« Info-Chuncks raus und füllt sich mit neuen. Auch wenn uns der Wechsel von einer Aufgabe zur anderen nur ein paar Sekunden kostet, summieren sich die »Wechselkosten« an einem normalen Arbeitstag voller Hin- und Herschalten ganz schön auf.

Und nicht nur das! Jedes Mal, wenn wir zu einer aufpoppenden Aufgabe switchen, schießt laut Hormonforscher Robert Lustig das Stresshormon Cortisol in die Höhe. Die Umstellung lasse unser logisches Denken herunterfahren und die Produktion von Dopamin aktivieren. Mit anderen Worten mache uns der Stress krank, den wir dadurch aufbauen, dass wir versuchen, mehrere Dinge gleichzeitig zu tun, ohne es wirklich zu können. Er bringe uns dazu, nur noch mehr Unterbrechungen zu wollen, die den Dopaminspiegel wiederum anheben – ein Teufelskreis.[81]

Wer ständig erreichbar ist, erreicht nichts

Vielen Arbeitgebern ist es mittlerweile bewusst, dass ständig erreichbare Mitarbeitende nichts erreichen. Sie haben »Denkzellen« etabliert, also Rückzugsräume für konzentriertes Arbeiten, die manchmal alten Telefonzellen ähneln, oder komplette stille Zonen, in die sich die Berufstätigen mit ihrem Laptop zurückziehen können. Sie fördern störungsfreie Fokuszeiten, und die Idee, mit Noise-Cancelling-Kopfhörern zu arbeiten, um nicht von jedem Gespräch auf der Fläche aus den Gedanken gerissen zu werden.

Unterbrechungen – nicht immer schlimm

Bei dir ist das nicht so? Bei dir tauchen nach wie vor ständig Kollegen und Vorgesetze mit neuen Fragen oder Infos am Schreibtisch auf? Deine Vorgesetzten sind der Meinung, Störungen seien super, weil sie einen »wertschöpfenden Austausch« zwischen den Kollegen darstellen? Und sofortiges Reagieren helfe, den Workflow geschmeidig zu halten?

Ja, es stimmt. Unterbrechungen und Zwischenfragen können aus den unterschiedlichsten Gründen durchaus unsere Produktivität heben! Studien haben gezeigt, dass Unterbrechungen mit Fragen, die zum Kontext der Aufgabe passen, die wir gerade bearbeiten, weniger störend sind und kürzere Wiedereinarbeitungszeiten erzeugen als fachfremde Anfragen. Auch wenn wir nur kleine, simple To-dos einschieben, beispielsweise nur kurz etwas unterzeichnen, dann erleben wir die Unterbrechung als nicht so schlimm.[82] Manchmal bringt uns die Nachfrage eines Kollegen sogar einen zündenden Impuls, um die Aufgabe schneller und besser erledigen zu können.

Störungen können zudem auch positive Auswirkungen haben, weil sie Aufschieberitis und Perfektionismus mindern. Unterbrechungen sorgen dafür, dass wir To-dos schneller abarbeiten. Das klappt besonders gut, wenn wir eher »flache« Tätigkeiten erledigen, wie das Beantworten von unkomplizierten E-Mails. Hier holen wir die »verlorene« Zeit rein, indem wir schneller schreiben, kürzere Antworten formulieren oder inhaltlich nicht mehr so höflich sind, wie eine Studie der Uni Berlin zeigte.[83] So kann ein gesundes Maß an Störungen tatsächlich förderlich sein, weil es hilft, gestellte Aufgaben in einer angemessen zügigen Zeit zu erledigen.

Vor allem bei empathischen, hilfsbereiten Hanny Herzlichs, die von Natur aus störanfälliger sind als andere, bringen Rückfragen das Belohnungssystem in Schwung: Sie fühlen sich gebraucht, schütten durchs Helfen Glückshormone und Dopamin aus und sind entsprechend offen für Störungen.

Wie du Fragmentierung gezielt genießen kannst

Es könnte sein, dass du deinen Frieden mit Unterbrechungen machst, weil du merkst, dass sie gar nicht so schlimm für dich sind. Ja, dass du sie sogar ganz gern magst. Lenke deine Wahrnehmung auf den Lustgewinn, das macht deinen Kopf frei und steigert die Motivation. Denn zum Stören gehören ja immer zwei: Derjenige, der stört, und der, der sich stören lässt.

Wir werden uns deshalb immer stören lassen, wenn wir im Kern unseres Wesens dankbar sind für ein wenig Abwechslung, wenn Störungen die Leere in unserem Leben füllen und übertünchen, dass wir nicht wirklich gefordert sind, oder wenn wir glauben, mit unserer ständigen Erreichbarkeit Bonuspunkte zu sammeln, die sich positiv auf unsere Karriere auswirken.

Störungen werden auch weiterhin dein Leben begleiten, wenn du deine »Wichtigkeit« am Grad der Erreichbarkeit festmachst. Das erlebe ich häufig bei Führungskräften und Unternehmern, die auch im Urlaub jederzeit mit dem »Office« in Kontakt bleiben »müssen« – für Notfälle.

Solange dein Gewinn durch Unterbrechungen und schnellen Switch zwischen den Aufgaben höher ist, als der Gewinn von störungsfreiem Arbeiten, wirst du weiter im »Sprich-mich-ruhig-an«-Modus bleiben. In diesem Fall höre auf, dich um störungsfreie Zeiten zu bemühen – genieße es, wie es ist, auch wenn es als unproduktiv gilt.

Je erschöpfter, desto anfälliger für Störungen

Je stärker Unterbrechungen dich aber nerven und erschöpfen, desto eher darfst und solltest du sofort Grenzen setzen und damit einer Abwärtsspirale vorbeugen. Denn je erschöpfter wir sind, desto anfälliger werden wir wiederum für Störungen. So zeigte sich in einer Studie, dass sich Berufstätige vormittags weniger häufig stören ließen und die Störungen kürzer dauerten, als nachmittags, wenn sie langsam müde wurden.[84] Lass es dazu nicht kommen – setze Grenzen! In Brainhack 28 (Seite 192) bekommst du dazu mehr Impulse.

Konzentrationskiller offene Aufgaben

Immer wieder erzählen mir Menschen, dass sie gern ihre To-dos im Kopf behalten wollen, weil sie es als Gehirnjogging betrachten. Doch das bedeutet, dass sie offene Aufgaben immer wieder memorieren müssen, also gedanklich im Papez-Neuronenkreis wiederholen, damit diese nicht verschütt gehen. Hast du nur relativ wenige Aufgaben zu erledigen, dann kann ständiges Wiederholen dir tatsächlich helfen, dass die Tasks im Kopf präsent bleiben, bis du sie erledigst.

Gehörst du jedoch zu den vielen berufstätigen Menschen, die vielleicht auch noch eine Familie haben, dann hast du neben deinen Routinedingen jeden Tag zig neu aufpoppende Aufgaben zu bewältigen, dutzende anstehende Entscheidungen zu treffen und unzählige bereits begonnene Aufgaben im Blick zu behalten und weiter zu verfolgen. Zählst du dann noch zu den kreativen Chaoten, also zu den wissbegierigen, flexiblen, interessierten, empathischen und hilfsbereiten Menschen, dann steigen diese Zahlen exponentiell an.

Und wenn dann auch noch dein (Arbeits)-Alltag in der sogenannten VUCA-Welt spielt, dann stürmen neue Aufgaben in einem Tempo auf dich ein, dass es ein Ding der Unmöglichkeit wird, sie sich zu merken. Das Akronym VUCA steht für volatile (unberechenbar, flüchtig), uncertain (unsicher, ungewiss), complex (vielschichtig) und ambiguous (mehrdeutig, unklar, widersprüchlich). Der Begriff macht deutlich, dass wir heute in einer superschnellen und komplexen Welt voller Veränderungen leben. Selbst vermeintlich einfache Entscheidungen, wie den Handy-Netzanbieter zu wechseln, arten heute in eine mehrtägige Entscheidungsrecherche aus, immer mit dem Zweifel im Hinterkopf: »Hoffentlich war das jetzt die richtige Entscheidung!«

Unser Arbeitsgedächtnis ist dazu ausgelegt, wenige Informationshäppchen für einen relativ kurzen Zeitraum abrufbar zu halten. Missbrauche deshalb dein Arbeitsgedächtnis nicht als To-do-Liste, sondern lagere offene Aufgaben lieber auf einen »externen Speicher« aus.

Aufschreiben entlastet den Kopf und sorgt für klare Gedanken

Aufschreiben ist mein absoluter Lieblingstipp, wenn es darum geht, den Kopf freizubekommen und innerlich ruhig und kraftvoll zu werden. Schriftliche Notizen nehmen Druck von uns: Häufig erkennen wir beim Aufschreiben, dass es unterm Strich doch gar nicht so viel zu tun gibt, wie wir dachten. Im Kopf hatten sich die Aufgaben aufgebläht und uns gelähmt, doch jetzt schwarz auf weiß sehen sie gleich viel machbarer aus. Das Stressgefühl verschwindet.

Aufschreiben entlastet das Arbeitsgedächtnis. Wenn wir all die Dinge, die wir erledigen sollten, notiert haben, dann können wir viel besser darüber nachdenken, sortieren, priorisieren. Zettel und Stift oder elektronische Notizmöglichkeiten lagern dein Arbeitsgedächtnis aus. Du speicherst deine Info-Chuncks wie auf einer externen Festplatte deine Bits und Bytes, und so steht dir wertvolle Hirnleistung für andere – wichtigere – Gedanken zur Verfügung.

Aufschreiben »ent-spannt« im wahrsten Sinne des Wortes. Die Psychologin Bluma Zeigarnik zeigte in ihrer Dissertation 1927 bei Kurt Lewin an der Universität Berlin, dass wir uns meist besser an unerledigte Handlungen erinnern als an erledigte (Zeigarnik-Effekt). Als Ursachen machte sie »Restspannungen« im Erinnerungsvermögen sowie eine nicht eingetretene Wunscherfüllung aus. Besonders deutlich sei dieser Effekt, wenn wir beim Erledigen der Aufgabe unterbrochen werden, fand wenige Jahre später am gleichen Lehrstuhl Maria Ovsiankina heraus. Wenn wir etwas nicht zu Ende machen dürfen, schreit unser Gehirn danach, die Aufgabe wieder aufnehmen zu dürfen (Ovsiankina-Effekt).

Diese Effekte gelten heute mehr denn je in unserer »Always on – never done«-Gesellschaft. Wir sind immer erreichbar und werden nie fertig. Forscher der Hochschulen Bonn-Rhein-Sieg und Rostock untersuchten 2017 die Wirkung unerledigter Aufgaben auf unseren Schlaf und unsere Erholung am Wochenende.[85] Ihr Ergebnis: »Im Job Liegengebliebenes führte bei den Befragten zu mehr arbeitsbezogenem Grübeln – auch nachts«, sagt Wirtschaftspsychologin Christine Syrek. Es habe sich herausgestellt, dass die unerledigten Aufgaben gerade mit Blick auf erholsamen oder weniger erholsamen Schlaf ein weitaus größerer Stressfaktor seien als der bei früheren Untersuchungen oft fokussierte reine Zeitdruck. »Wenn die Befragten nach einer Woche voller Zeitdruck ihre wichtigen Aufgaben erledigt hatten, ging es ihnen gut. Anders sieht es aus, wenn nach solch vollgepackten Tagen immer noch viel übriggeblieben ist«, so Syrek.[86]

Offene Aufgaben verursachen mehr Stress als Zeitdruck.

Für unser Gehirn bedeutet das, dass Unerledigtes unser Unterbewusstsein permanent beschäftigt. Zum anderen versucht unser Hirn auch immer wieder, aktiv nichts zu vergessen, sich zu erinnern – und die dafür aufgebrachte neuronale Energie fehlt uns dann bei anderen Aufgaben.

Unser inneres Archiv mit unendlich vielen Schubladen

Die renommierte Expertin für gehirngerechtes Lernen, Vera Birkenbihl, verglich unser Gehirn oft mit riesigen inneren Archiven, in denen kilometerlange Gänge und Katakomben voller Schränke und Schubladen stehen. Alles, was wir bewusst und unbewusst aufnehmen, wird in einer der Millionen Schubladen abgelegt. Je häufiger wir auf dort abgelegtes Wissen zugreifen, desto zuverlässiger stehen diese Schubladen offen. Das Schöne daran: Unser Langzeitgedächtnis wird nie »voll«. Wir können Zeit unseres Lebens lernen, der Speicherplatz im Langzeitgedächtnis wird uns nie ausgehen – im Gegensatz zur beschränkten Kapazität des Arbeitsgedächtnisses.

Dieses Bild der Schubladen gefällt mir, weil wir beispielsweise auch unbewusste »Falsch«-Nehmungen (siehe Seite 142) eher als solche enttarnen können, wenn wir die entsprechende Schublade bewusst einmal öffnen und überprüfen. Auch beim Lernen ist es eine prima Methode, den neuen Stoff mit bereits bekanntem Stoff zu verknüpfen und ihn in der gleichen Schublade abzulegen. Viele Merktechniken funktionieren genau nach diesem System.

So wie wir Wissen, Erfahrungen und Emotionen in sprichwörtliche Schubladen packen, so stecken wir auch offene Aufgaben und zu erledigende Verpflichtungen in die Schubladen des sogenannten »prospektiven Gedächtnisses«. Dieser Begriff bezeichnet die Fähigkeit, sich daran zu erinnern, ein Vorhaben in der Zukunft umzusetzen, sowie Termine und Vereinbarungen einzuhalten.

Die Zukunft im Kopf durchzuspielen gilt als eine der wichtigsten alltäglichen Gedächtnisfunktionen und als wesentliche Voraussetzung für die Entwicklung von Selbstständigkeit bei Heranwachsenden.

Wie der berühmte Knoten im Taschentuch ist dieses Gedächtnis dafür zuständig, dass uns das, was wir uns für die (nahe) Zukunft vornehmen, dann auch rechtzeitig einfällt, um es tun zu können. Das kann als Reaktion auf ein Ereignis (ereignisbasiert) passieren, etwa wenn mein Handywecker mich daran erinnert, Wasser zu trinken oder eine Pause zu machen. Oder ich will etwas nach einer bestimmten Zeitspanne (zeitbasiert) ausführen, etwa am Montag meine Bücher zurückgeben. Das ist deutlich schwieriger und fehleranfälliger, weil ich mich an eine Handlung zu einem vorher definierten Zeitpunkt selbstständig erinnern muss.

Du kennst das vielleicht von TV-Serien: Am Ende einer Folge bauen die Produzenten immer einen sogenannten »Cliffhanger« ein – sie machen ein neues Fass auf, und du willst unbedingt wissen, wie es weitergeht. Zack, bist du in der nächsten Folge drin und schon ist der ganze Sonntag vorbei. Ungelöste Fragen versetzen unser Gehirn in Aufruhr – und das kostet dich Gelassenheit, Produktivität und erhöht per se dein Stressempfinden.

Hirnscans können diese Gehirnleistung mittlerweile sichtbar machen. Sie zeigen, dass bei aufgeschobenen Absichten klar umrissene Areale der Hirnrinde aktiv sind, wir also Energie verbrennen, um uns an unerledigtes Zeug zu erinnern[87].

Schreib dir deine Aufgaben auf, und du vergeudest keine Hirnkapazität, um dich an Unerledigtes oder an Termine zu erinnern. Du bekommst den Kopf frei, um an wichtigen Themen fokussiert zu arbeiten, – aber auch dafür, nach Feierabend und am Wochenende gut abschalten zu können. Du wirst nichts mehr vergessen, wirst angespornt, das Beabsichtigte auch wirklich umzusetzen – und du kannst erledigte Aufgaben abhaken. Häkchen machen setzt Endorphine frei, und unser Nucleus accumbens ist bereit für die nächste Aufgabe.

Ja? Nein? Entscheidungen blockieren unsere Neuronen

Vor allem Entscheidungen erzeugen Spannung im Gehirn, beschäftigen die Neuronen und kosten Hirnenergie, wenn nicht sogar Schlaf und gute Laune. Wir schieben Entscheidungen auf, weil uns wichtige Fakten und Informationen fehlen. Oder weil wir Angst haben, falsch zu entscheiden.

Hast du schon mal darüber nachgedacht, dass wir immer einen Preis für unsere Entscheidungen zahlen? Nicht den Preis in Form von Zeit, Geld oder Investitionen, um unsere Entscheidungen durchzuziehen. Ich spreche davon, dass allein der Akt des Entscheidens uns »Opportunitätskosten« beschert.

Eindrucksvoll zeigte dies eine Studie der Columbia University.[88] Studenten boten vor einem Lebensmittelgeschäft an einem Probierstand einmal 6 exotische Fruchtaufstriche zum Verkosten an, später 24 Sorten. Ihre These: Je größer die Auswahl, desto höher die Wahrscheinlichkeit, dass für jeden Geschmack etwas dabei sei, und desto mehr Passanten würden kaufen. Mitnichten! Zwar blieben bei der großen Auswahl mehr Menschen stehen (60 Prozent) als beim 6-Sorten-Tisch (40 Prozent), aber nur drei Prozent der »Vielprobierer« kauften ein Glas. Und das auch erst, nachdem sie bis zu 10 Minuten vor dem Marmeladenregal im Laden gestanden und verschiedene Gläser begutachtet oder die Vor- und Nachteile ihrer Wahl mit ihrer Begleitung diskutiert hatten. Von den 6-Sorten-Probierern holten sich hingegen 30 Prozent in Minutenschnelle ein Glas der favorisierten Marmelade aus dem Regal.

Fazit der Wissenschaftler: Das Festlegen auf eine Option »kostet« uns den Verzicht auf die anderen Möglichkeiten. Auf je mehr Möglichkeiten wir »verzichten« müssen, desto höher die gefühlten Kosten. (Wenn ich eine Marmelade kaufe, bleiben 23 oder »nur« 5 Sorten im Regal stehen.)

Das heißt jetzt nicht, dass wir glücklicher wären, wenn wir weniger Auswahl hätten. Nein, dieses Auswahlparadox hat ein individuelles Optimum: Bis zu einem gewissen Punkt macht mehr Auswahl glücklicher, dann kippt es wieder. Gestehe dir bei all deinen Entscheidungen zu, dass du einen Preis in Form der Opportunitätskosten bezahlst.

Reduziere eventuell sogar von Anfang an die möglichen Optionen – das macht deine Entscheidung schneller, und du fühlst dich besser damit. Hole also nicht acht verschiedene Angebote ein, sondern nur vier. Schau dir nicht alle neuen Handymodelle an, sondern nur die Innovationen deiner Lieblingsmarke. Scanne nicht alle Programme von Seminaranbietern, sondern nur die, bei denen dein Bauch sich gut anfühlt. Reduziere von vornherein die zur Auswahl stehenden Optionen, und erleichtere dir massiv deine Entscheidung. Gerade bei den Themen, die nicht lebenswichtig sind.

Schneller entscheiden mit Methode

Hilf dir, schneller und besser zu entscheiden, indem du Entscheidungsmethoden nutzt, die entweder deine Bauchentscheidungen einfacher machen, oder deinem Verstand helfen, klarer zu sehen. Der Begriff der »Bauchentscheidung« steht übrigens für zwei verschiedene Entscheidungstypen. Nämlich die spontan-affektive Entscheidung, die wir im Kapitel über Stress kennengelernt haben, und die intuitive Entscheidung, die viel mit unseren Erfahrungen, früheren Entscheidungen, unseren Wünschen und Befürchtungen zu tun hat und bei der das limbische System das Zepter hält.

Intuitive Entscheidungsfindung ist ein Ansatz, den Systematiker – vor allem analytische Logiker – rundheraus ablehnen. Sie würden gern klar nach Fakten entscheiden und glauben, dass diese Entscheidungen die besten sind. Der Punkt ist:

Wir Menschen sind keine rationalen Wesen. Auch wenn wir denken, dass wir stets kühl und rational entscheiden und uns logisch und erwachsen verhalten – das ist ein Irrglaube.

Beispiel: Was denkst du, ist uns wichtig, wenn wir einen Butterkeks kaufen und essen? Der Geschmack? Die Kalorienzahl? Der Preis? Ob wir den Keks mögen oder nicht, scheint dem Geräusch geschuldet zu sein, das entsteht, wenn wir in den Butterkeks beißen. Das hat dazu geführt, dass Unternehmen wie Bahlsen Sounddesigner einstellen, um an dem perfekten »Bissgeräusch« zu arbeiten.[89] Der Verbraucher – ein rationales Wesen? Weit gefehlt!

Keine Entscheidung ist auch eine Entscheidung

Nimm dir die Zeit, Entscheidungen zu treffen, und trau dich, zu entscheiden. Mach dir klar, dass es keine falschen Entscheidungen gibt und dass du dich auch dann entscheidest, wenn du gar nichts entscheidest. Neurobiologisch gesehen haben aktive Entscheidungen den Effekt, dass sie den Dopaminhaushalt im »Aufmerksamkeitskreislauf« verändern. Entscheidungen zu treffen, damit Chancen für uns zu schaffen und uns Ziele zu setzen – diese drei Aktivitäten gehören zum selben neuronalen Schaltkreis. Sie wirken sich positiv auf den präfrontalen Cortex aus und verringern auf diese Weise Ängste und Sorgen. Darüber hinaus hat das Finden von Lösungen eine beruhigende Wirkung auf unser limbisches System. Wenn wir dann Aktivitäten wählen, die uns glücklich machen, die uns wirklich am Herzen liegen – bingo!

Lichte den Nebel und bleibe konzentriert und leistungsfähig

Vielleicht hast du schon mal die wahre Geschichte der Freiwasserschwimmerin Florence Chadwick gehört. Sie wollte 1956 von der Insel Catalina Island 34 Meilen zur kalifornischen Küste schwimmen. Als die 34-Jährige ins Wasser watet, ist das Wasser eiskalt und der Nebel so dicht, dass sie die Begleitboote kaum ausmachen kann. Sie schwimmt Stunde um Stunde, Zug um Zug. Nach 15 Stunden und 55 Minuten, steif vor Kälte, bittet sie darum, aus dem Wasser geholt zu werden. Sie kann nicht mehr. Ihre Mutter und ihr Trainer, die neben ihr im Boot mitfahren, sagen ihr, dass die Küste schon nah ist, und drängen sie, nicht aufzugeben, aber als Florence zur kalifornischen Küste hinüberschaut, sieht sie nichts als dichten Nebel. Sie lässt sich ins Boot ziehen. Stunden später, als sie wieder sicher an Land ist und ihr Körper sich erwärmt, kommt der Schock über ihr Scheitern. Nur eine halbe Meile vor der kalifornischen Küste war sie aus dem Wasser gezogen worden! Nur 800 Meter trennten sie vom Erfolg! In einem Interview erzählte sie, warum sie die letzte Strecke nicht mehr schaffte. »Es war der Nebel. Wenn ich das Land hätte sehen können, hätte ich es geschafft.«

Zwei Monate später tritt Florence erneut an. Wieder herrscht dichter Nebel – doch dieses Mal schafft sie es: Nach 13 Stunden, 47 Minuten und 55 Sekunden erreicht sie die kalifornische Küste. Dieses Mal hatte sie ihr Ziel fest vor Augen.[90]

Ich liebe diese Geschichte von Florence Chadwick, denn wie oft stochern wir in unserem Leben im Nebel herum und wissen nicht, wohin wir wollen? Wie oft spüren wir Brainfog, können keinen klaren Gedanken fassen und verlieren uns im Viel-Viel, Klein-Klein, Voll-Voll unseres Alltags?

Viele Menschen kämpfen immer wieder damit, attraktive Lebensziele zu finden und sie zu erreichen. Wir hängen die Messlatte an uns, an ein erfülltes Leben, an »unser Potenzial ausleben«, an »etwas Sinnvolles tun« immer höher. Aber je weniger wir wissen, was wir wirklich wollen, und je größer die Angst ist, sich doch aus Versehen für das »Falsche« zu entscheiden, desto unglücklicher werden wir. Dabei sind es nicht »Ziele«, die wir brauchen, um glücklich zu sein, sondern Klarheit. Wenn sich der Nebel endlich lichtet, können wir voller Motivation loslegen und ankommen.

VUCA-Welt sorgt für Nebel

Leider ist es heute nicht mehr so einfach, Klarheit zu schaffen. Unsere Welt ist komplex geworden und ständig in Bewegung. Die Arbeitswelt verändert sich rasant, Digitalisierung und Globalisierung bringen neue Chancen – aber auch Risiken. Heutzutage ist es schwer, »klare« Ziele zu definieren, denn wer weiß schon, was die Zukunft bringt. Das erleben auch viele Berufstätige, bei denen sich gefühlt jeden Tag die Prioritäten ändern: Das, was gestern wichtig und superdringend war, ist heute völlig schnuppe, und das ständige Neu-Priorisieren kostet Zeit und vor allem auch wieder Hirnenergie: Unser Planungs- und Handlungszentrum im Cortex ist jedes Mal in Aktion, wenn wir Ziele definieren und verfolgen wollen.

Im Kern ist es allerdings gar nicht schlimm, dass alles in Bewegung ist! Im Gegenteil! Denn je mehr sich bewegt, desto höher ist auch die Wahrscheinlichkeit, dass du aktiv die Dinge so lenken kannst, dass sie dich und deine Lieben glücklich machen. In einer Welt, in der alles in Bewegung ist, haben wir sehr viel bessere Chancen, die Bewegung in unserem Sinne zu gestalten. Dann können wir unseren Einflussbereich (»Circle of Influence«) schneller erweitern und uns damit noch besser auf das für uns Wichtige konzentrieren.

In einer bewegten Welt bewegt es sich leichter

Je mehr sich die Welt bewegt, desto weniger müssen wir dabei auch konkrete Ziele definieren, die in unserer VUCA-Welt morgen schon nicht mehr existieren. Sehr systematische Zeitgenossen finden Sicherheit, wenn sie mit »smart« formulierten Zielen ihr Leben planen und Meilenstein für Meilenstein abarbeiten. Leben sie in einer berechenbaren Welt, dann kommen sie mit einer Lebensplanung gut zurecht.

Zählst du allerdings zu den kreativ-chaotischen Menschen, die gern spontan, flexibel und empathisch durchs Leben gehen wollen und ist dein Alltag dynamisch, eben VUCA, dann löse dich von der Vorstellung, dass du konkrete und messbare Ziele haben musst, um glücklich und erfolgreich zu sein. Überlege dir lieber, was du tun, erleben, lernen, erreichen willst und definiere eine Art Korridor, in dem du glücklich unterwegs sein willst.

Wenn wir unseren Kopf dauerhaft freibekommen wollen, dann dürfen wir uns überlegen, welches Land wir hinter dem Wasser erreichen wollen, welche Inseln uns attraktiv vorkommen und was uns wirklich am Herzen liegt. Es geht nicht darum, messbare Ziele zu formulieren, sondern es geht darum, dass wir uns überlegen dürfen, wer und was uns momentan wichtig ist – und alle anderen Alternativen können sich momentan aus unserem Kopf verabschieden.

Je selbstbewusster du bist in Hinblick auf die Aktivitäten, die dein Belohnungssystem in Schwung bringen, auf das, was dich derzeit glücklich macht und auf welche Aktivitäten du deshalb leicht verzichten kannst, desto mehr wird sich der Nebel lichten. Halte dein berufliches und dein privates Hamsterrad an, atme durch, denke nach. Wann erlebst du dich kraftvoll und hast ein Gefühl der Sinnhaftigkeit? Mit den folgenden Brainhacks wirst du mehr Klarheit bekommen und damit eine wunderbare Basis schaffen, um auch langfristig konzentriert und leistungsfähig zu sein.

Kopf frei! Brainhacks für mehr Fokus und Leistungsfähigkeit

Brainhack 24: Nimm die Adlerperspektive ein

Verschaff dir zuallererst einen Überblick, welche Themen, Aufgaben und Aktivitäten auf dein Arbeitsgedächtnis einstürmen, damit deine Aufmerksamkeit binden und deine Konzentration fordern.

So geht die 7-Schritte-Adlerflug-Technik
Nimm dir Zeit, klinke dich aus deinem Alltag aus, gehe an einen ruhigen Ort, wo dich keiner stört, nimm etwas zum Schreiben (auch bunte Stifte) mit, und erhebe dich wie ein majestätischer Adler in die Lüfte. Blicke mit dem Abstand eines freien Vogels auf deine Welt und deinen Alltag herunter.

Schritt 1: Notiere, was derzeit deinen Kopf so voll macht. Stelle dazu deinen Fokus auf »weite Wahrnehmung« und auch immer wieder auf »fokale Wahrnehmung«, indem du ganz genau hinschaust. Nimm dir bitte pro Punkt maximal 5 Minuten Zeit. Wenn dir nichts einfällt, gehe zum nächsten Punkt, und kehre zurück, wenn dir später etwas einfällt. Wichtig: Es geht nicht darum, auch noch den kleinsten Gedanken festzuhalten, sondern die 5 Minuten pro Punkt sollen dir helfen, schnell und intuitiv zu finden, was als Chuncks in deinem Hirn herumgeistert. Denke dabei an folgende Aspekte:

- ◇ Welche Aufgaben warten darauf, erledigt zu werden?
- ◇ Welche Verpflichtungen sind zu erfüllen?

- ◇ Welche Entscheidungen sind zu fällen?
- ◇ Welche Deadlines drücken dich?
- ◇ Welche Sorgen drücken dich?
- ◇ Welchen Konflikten hängst du nach?
- ◇ Welche für dich *positiv* empfundenen Aufgaben oder Verpflichtungen möchten gern umgesetzt werden?
- ◇ Welche *kraftspendenden* Aktivitäten rufen danach, dass du dir endlich mal Zeit für sie nimmst?
- ◇ Was kommt in deinem Alltag gerade zu kurz?

Warum zwischen fokaler und breiter Wahrnehmung wechseln? Wechsle die Wahrnehmung und notiere beispielsweise beim Punkt »Sorgen«: finanzielle Sorgen, und dann genauer: »Uns wurde die Miete erhöht, und ich weiß gerade nicht, wo ich die zusätzlichen 200 Euro im Monat herbekommen soll!« Je genauer du notierst, desto leichter kannst du im nächsten Schritt über Lösungen nachdenken. Alles, was wir nur abstrakt aufschreiben (Beispiel letzter Punkt: »Zu kurz komme ich!«), ist zu diffus. Für den Einstieg ist es fein, aber du darfst es dir gönnen, genauer hinzuschauen. Eine weitere Liste, in welche Richtungen du denken kannst, findest du in deinem Workbook im Deep-Dive-Bereich.

Mach zunächst diesen »Adlerflug«, um deinen Kopf leer zu bekommen und um dir einen schnellen und intuitiven Überblick darüber zu verschaffen, wohin deine wertvolle Zeit fließt, was dich stresst oder unglücklich macht und wo du schöne Momente vermisst. Löse dich von den Gedanken, wovon »man« gestresst ist. So unterschiedlich wie wir Menschen sind, so unterschiedlich ist auch das, was uns den Kopf vollmacht und uns unter Druck setzt. Verschaffe dir einen Überblick über deine persönlichen Kopf-Voll-Faktoren. Der aufmerksame Blick hilft dir zudem, nicht in Aktionismus zu verfallen und wild irgendwelche Methoden anzuwenden, die dich am Ende gar nicht entlasten.

Schritt 2: Markiere in einer Farbe nach Wahl drei (!) Punkte in deinen Notizen, die du so schnell wie möglich aus dem Kopf haben willst.

Schritt 3: Halte neben deiner Dreierauswahl in Stichpunkten fest, was dein Gewinn ist, wenn du hier einen Haken machen kannst. Was ist deine Belohnung? Was könnte deinen Nucleus accumbens in Euphorie versetzen?

Schritt 4: Notiere in Stichpunkten neben den drei Punkten: Was wäre jeweils ein erster winziger Schritt, damit du die Dinge abhaken könntest? Brauchst du mehr Infos, um ins Tun zu kommen? Brauchst du ausreichend Zeit, um dich kümmern zu können? Brauchst du Unterstützung durch andere Menschen? Oder musst du es einfach nur erledigen?

Schritt 5: Bitte nimm dir jetzt einen konkreten Zeitpunkt vor, an dem du den unter 4 notierten ersten Schritt gehen wirst. Wenn du gern mit deinem Kalender arbeitest, schreibe es dir als fixen Termin in den Kalender. Als kreativer Chaot wird es dir ausreichen, wenn du es neben den Punkten auf deinem Zettel notierst. Denke an deinen Nucleus accumbens, wie er sich begeistert auf die Aufgabe stürzen wird – und freue dich, wie mega du dich fühlen wirst, wenn du es abhaken kannst.

Schritt 6: Tue, was du tun willst, zum von dir gewünschten Zeitpunkt. Lass dich durch nichts und niemanden davon abhalten. Sieh es als Challenge mit dir selbst: Du bist es dir wert, dich jetzt auf diese drei Dinge zu konzentrieren. Aufgaben zu erledigen schüttet Glückshormone aus und bringt dein Belohnungssystem in Wallung. Du kannst stolz auf dich sein, weil du drei Dinge abhaken kannst.

Schritt 7: Freue dich, dass du in drei Themen einen ersten Schritt gegangen bist. Ja, du hast sicherlich noch sehr viele weitere Punkte auf deinem Zettel – aber du hast ja auch noch Zeit! Blicke bewusst auf das Geschaffte. Wir schauen in unserem Alltag viel zu sehr auf das, was wir nicht geschafft haben, was uns nicht gelungen ist, was noch offen ist. Drehe das ab heute und für immer um: Richte immer wieder bewusst den Blick auf das Erreichte – deine Glückshormone, dein Nucleus accumbens und die Neuronen deines Belohnungssystems werden es dir danken, indem sie deine Motivation erhöhen und du die anderen Dinge dann sehr viel leichtfüßiger schaffen wirst.

Ändere deine Perspektive beim Blick auf die Fülle an Themen – denn die Fülle bedeutet ja auch, dass du ein Leben hast, in dem etwas los ist. Sage immer mal wieder »Danke« für die Fülle. Ich weiß, das ist eine der schwierigsten Übungen überhaupt, denn wenn wir bis zum Hals in schier endlosen Aufgaben und Verpflichtungen stecken, ist es schwer dieses Gefühl der Dankbarkeit zu entwickeln. Aber gerade dann hilft es am meisten.

Zurück auf Los: Wenn du bei deinen gewählten drei Punkten mit Schritt 7 fertig bist, dann steige wieder bei Schritt 2 ein, und markiere drei weitere Punkte und gehe deine neuen Themen mit dieser Technik an. Die folgenden Brainhacks können dir bei deiner Entscheidung in Schritt 2 und beim weiteren Vorgehen gemäß Schritt 4 helfen.

Brainhack 25: Nutze das Prinzip der Schriftlichkeit

Im klassischen Zeitmanagement hat sich zur Verwaltung anstehender Aufgaben die »To-do-Liste« etabliert. Dem Prinzip der Schriftlichkeit wird sie gut gerecht. Allerdings erzeugen »Listen« bei vielen Menschen eher mehr Stress, als zu helfen. Denn viele Menschen glauben, die Liste *müssten* sie jeden Tag abarbeiten. Doch meist ist unser Alltag heute so schnell, komplex und dynamisch, dass die To-do-Listen schneller wachsen, als wir sie erledigen können. Daher ist mancher frustriert, wenn am Ende des Tages die To-do-Liste immer noch proppenvoll ist. Besonders die »Ideensprudler« und vielseitig Interessierten sowie die empathischen, hilfsbereiten Menschen kapitulieren vor Listen.

Mache dir keinen Stress, Listen führen zu müssen. Ja, notiere deine offenen Aufgaben in einem Tool deiner Wahl (handschriftlich, wenn du eher der haptische Typ bist, und digital, wenn du eher der virtuelle Typ bist) und betrachte diese Notizen als Sammlung, als ausgelagertes prospektives Gedächtnis, als »Aufgabenspeicher« deiner Gedanken, der dir hilft, deinen Kopf freizumachen.

Suche dir ein Utensil nach Wahl, und überleg auch im Team oder in der Familie, welche Form eines Aufgabenspeichers euch am besten unterstützt, den Kopf freizubekommen und die anstehenden Themen übersichtlich zu sammeln.

Wie ihr effektiv sammeln könnt, welche Tools, Merkhilfen oder Apps dabei nützlich sind, und wie du auch deinen Kalender so einsetzt, dass er dich gut unterstützt, das kannst du in meinem Blog nachlesen oder als Podcast anhören: https://www.gluexx-factory.de/to-do-liste/

Stift schlägt Tastatur

Alles, was wir handschriftlich aufschreiben auf einen echten (!) Zettel, wird im wahrsten Sinne des Wortes greifbar – und damit machbar. Nachweislich schlagen hier Stift und Papier die digitalen Medien.

Brainhack 26: Beruhige deinen Monkeymind

Dir schwirren viele Themen im Kopf herum, die nicht auf eine To-do-Sammlung gehören? Weil es keine echten Aufgaben sind, sondern Gedanken, Fragen, Reflexionen? Aber auch vor denen willst du streckenweise Ruhe haben, schaffst es aber nicht das Gedankenkarussell zu stoppen?

Viele Menschen empfinden die Ruhelosigkeit in ihrem Kopf, die Buddhisten als »Affengeist«, als »Monkeymind« bezeichnen, als lästig. Wie wild gewordene Affen werden unsere Gedanken immer lauter, je ruhiger es um uns herum wird. Den Monkeymind zum Schweigen zu verdonnern hilft meist nicht, und deshalb ist es besser, ihn uns zum Freund zu machen und ihm eine Beschäftigung zu geben.

Greifen wir die Kernidee aus Brainhack 22 (Seite 153) (die Kunst der Ablenkung) auf, und vertiefen wir sie mit der Methode »Umschalten, statt abschalten«. Dabei zielen wir nicht darauf, den Kopf frei von Gedanken zu bekommen – das ist ein Ding der Unmöglichkeit, das selbst trainierte Zen-Mönche nicht schaffen –, sondern darauf, unsere Gedanken gezielt zu lenken.

Waldbaden

In Japan ist Waldbaden (»Shinrin Yoku«) seit vielen Jahren fester Bestandteil der Gesundheitsvorsorge und die Wirksamkeit ist belegt: Achtsame Zeiten im Wald senken den Blutdruck und reduzieren Stresshormone. Die wichtigste Regel: Es gibt keine Regeln! Beim Waldbaden geht es darum, alle Sinne zu öffnen, zu lauschen, zu riechen, zu schauen, ins Spüren zu kommen und einfach nur wahrzunehmen, was ist.

Wir können unseren Monkeymind beschäftigen, indem wir auf unseren Atem achten (vgl. Brainhack 14, Seite 124), indem wir gedanklich durch unseren Körper reisen (Bodyscan), indem wir bei Gehmeditationen lernen, achtsam einen Fuß vor den anderen zu setzen oder auf einer gerade Linie auf- und abzugehen. Du kannst geführten Meditationen lauschen (mit oder ohne Musik). Du kannst deinen »inneren Garten« besuchen (Link im Deep-Dive-Bereich) oder beim Waldbaden neue Formen der Achtsamkeit üben.

Du glaubst, das hilft dir nicht? Du befürchtest dein Monkeymind lässt sich mit solchen Methoden nicht beruhigen? Dann schalte absichtlich um auf Aktivitäten, die deine Aufmerksamkeit automatisch binden, weil sie dich geistig komplett fordern: im Hochseilgarten, beim Raften oder beim Bogenschießen, beim Tanzen oder beim Singen, beim Cross-Biking oder wenn du anderen Menschen etwas beibringst – wo bist du so auf das Tun konzentriert, dass gar kein Raum mehr für andere Gedanken ist?

Trainiere es, deine Aufmerksamkeit zu lenken, und tue deinem Gehirn auch langfristig damit etwas Gutes: Studien haben gezeigt, dass Aufmerksamkeitstrainings sogar eine bessere und langanhaltendere Wirkung auf unser Arbeitsgedächtnis haben, als herkömmliche Gehirnjogging-Übungen. Wer seine Aufmerksamkeit trainiere, der verbessere seine Entscheidungsfähigkeit[91] und beuge einer Degeneration des Gehirns womöglich vor[92].

Brainhack 27: Verwandle FOMO in JOMO

Menschen mit einer weiten Wahrnehmung füllen den Arbeitsspeicher deutlich schneller als andere. Sie nehmen so viele Möglichkeiten wahr, was sie tun könnten, dass oftmals stark unter FOMO (Fear of Missing out) leiden, also der Angst etwas zu verpassen.

Zelebriere es, dass du viele Interessen hast, dass du einen großen Bekanntenkreis hast, sodass immer etwas los ist und du dabei sein könntest. Nimm das Geschenk an, dass du mehr Dinge wahrnimmst als viele andere Menschen auf diesem Planeten. Freue dich, dass dein Thalamus dir ständig neue spannende Themen und Begegnungen vor die Füße wirft, und nutze diese Fähigkeit als Trendscout und Ideengeber für andere Menschen, die diese Begabung nicht haben.

Wenn es dir doch zeitweise zu anstrengend wird, dass so viele Reize dich reizen und deine To-do-Listen sprengen, dann nimm dir für ein paar Tage vor, die Reize freundlich zu begrüßen und sie ziehen zu lassen. Nicht alles, was getan werden *könnte*, muss heute und von dir gemacht werden.

Verwandle bewusst FOMO in JOMO, in »Joy of Missing out« – die Freude am Verpassen. Genieße es, dass du zu einer Möglichkeit Nein sagst und dich damit regelrecht befreist von Ablenkungen und Erwartungen. Mit JOMO gewinnst du Freiheit und Raum zum Denken, zum einfach nur Ich-Sein.

Stöpsel dich aus. Igel dich ein – und zelebriere Muße, Chillen und Runterkommen.

Brainhack 28: Sage seltener Ja

Empathische Menschen hören überall die Flöhe husten und fühlen sich angesprochen, zu helfen, etwas zu tun, für andere da zu sein – selbst, wenn sie überhaupt nicht um konkrete Unterstützung gebeten werden. Das ist einerseits ein sehr schöner Charakterzug und macht auch beliebt, sofern die Empathie nicht ins Helfersyndrom abdriftet. Andererseits macht es aber deinen Kopf (und deine To-do-Sammlung) sehr viel voller.

Bist du zu offen für fremde Aufgaben? Dann trainiere es, deine Empathie ein Stück weit abzubauen. Du sollst dabei nicht zum Egomanen werden. Nein, Ziel ist es, dass du deine eigenen Ressourcen schonst, deinen Kopf und deinen Kalender leerer lässt, um mit der »gewonnenen« Zeit und Energie dich um deine eigenen Themen und Aufgaben zu kümmern oder etwas zu tun, was deinen Akku lädt, was dir Muße für die schönen Dinge des Lebens schenkt.

Natürlich kannst du lernen, Nein zu sagen. Ein paar einfache Strategien können dich unterstützen (https://www.gluexx-factory.de/nein-sagen/). Mir ist allerdings aufgefallen, dass empathische Menschen häufig nicht Neinsagen lernen müssen – es reicht völlig aus, wenn sie nicht immer vorschnell Ja sagen. Das bedeutet für dich: Wenn du in Zukunft die Flöhe husten hörst, dann atme erst einmal tief durch, ziehe deine imaginäre analoge Uhr auf (siehe Brainhack 9, Seite 122) und warte ab, dass die andere Person dich wirklich um Unterstützung bittet.

Du musst den Wink mit dem Zaunpfahl nicht verstehen. (»Ach, jemand müsste dringend mal … die Kaffeeküche gründlich putzen, den Kunden XY anrufen, die Kisten mit der Weihnachtsdeko in den Keller tragen!«) »Einer«, »jemand« – das musst nicht du sein. Gewöhne dir an, ein Ja dreimal zu überdenken, bevor du es sagst. Das wird die Menschen in deinem Umfeld zunächst irritieren, aber sie werden es zu schätzen lernen, wenn du ab sofort nicht mehr »Jedermanns Depp« bist, sondern souverän auf deine eigenen Ressourcen achtest – und dadurch nicht mehr gehetzt oder überarbeitet wirkst.

Brainhack 29: Erkenne, was dir wirklich wichtig ist

Erinnerst du dich, dass unsere Grundmotive Macht, Leistung und soziale Zugehörigkeit unser Belohnungssystem auf Touren bringen und unser Körper Dopamin und Glückhormone ausschüttet, wenn wir unsere Motive befriedigen können? Kommen wir darauf zurück und bleiben für die folgende Übung bei der drastischen Vereinfachung auf drei Motive, auch wenn es in entsprechenden Analysetools sehr viel mehr Begriffe zur

Auswahl gibt. Aber wenn wir schnell das für uns Wesentliche erkennen wollen, dann ist Vereinfachen genau das, was uns am besten ins Tun bringt.

In meinem Buch und Onlinekurs »Geht ja doch!« habe ich das Bild eines Paddlers entworfen, der sich im Meer der Möglichkeiten auf die Reise macht. Dabei stürzt sich jeder von uns am liebsten in einen anderen Ozean, ist am liebsten in einem anderen Element unterwegs – weil jeder von uns nach anderen Grundmotiven strebt: Die einen paddeln gern im Ozean der Macht, die anderen im Ozean der Leistung, die nächsten im Ozean der sozialen Zugehörigkeit. Natürlich mischen sich die Gewässer auch häufig, aber in der Regel haben wir einen beruflichen Ozean, nach dem wir streben, und privat einen. Manchmal ist es in beiden Lebensbereichen der gleiche, manchmal auch nicht. Alles ist richtig.

Schritt 1: Was meinst du: Welcher Ozean ist *derzeit* derjenige, in dem du gern paddeln willst? Willst du gerade mehr Leistung bringen, mehr erobern, dich herausfordern? Oder ist dir im Moment mehr nach einkuscheln, dich aufgehoben fühlen, dich fallen lassen? Oder willst du gestalten, Dinge verändern, Einfluss nehmen? Willst du derzeit eher im Homeoffice arbeiten und Dinge wegschaffen oder lieber eingebunden sein in das Miteinander am Arbeitsplatz bei den Kollegen? Möchtest du Work-Life-Segmentation leben (also eine strikte räumliche und zeitliche Trennung von Job und Privatleben) oder Work-Life-Blending (also eine komplette zeitliche und räumliche Verschmelzung)? Möchtest du gerade Gas geben, um die Karriereleiter zu erklimmen, oder eher reduziert arbeiten, weil der Fokus auf der Familie liegt?

Alles ist gut, alles ist richtig. Jeder Ozean hat im Laufe unseres Lebens mehr oder weniger Anziehungskraft auf uns. Notiere für verschiedene Lebensbereiche wie Job und Karriere, Freunde und Familie, Finanzen, Besitz, Sinnhaftigkeit, Freizeit und Hobby, in welchen Ozean du dich jeweils in den kommenden Tagen und Wochen stürzen willst. Wir schauen bewusst nicht weiter in die Zukunft, denn es geht darum, *jetzt* deinen Kopf leerer zu bekommen.

Schritt 2: Denke an deine derzeit anstehenden Aufgaben und Verpflichtungen: Welche passen zu dem Ozean, der momentan jeweils am attraktivsten für dich ist? Packe diese Aktivitäten in den kommenden Tagen mit einer hohen Priorität an.

Schritt 3: Stelle dir bei den Aktivitäten, die derzeit nicht zu deinem Ozean passen, folgende Fragen:

◇ Muss das wirklich gemacht werden? Wer sagt das? Woher weiß derjenige das? Stimmt das wirklich? Stimmt das immer? Stimmt das auch für mich, für uns? Was passiert, wenn ich/wir das nicht machen? Was passiert, wenn wir es einfach irgendwann später machen?

Streiche die Aktivitäten, die jetzt durchs Raster fallen. Alles, was nicht zwingend gemacht werden muss, lass einfach bleiben. Dann stelle dir folgende Fragen:

◇ Muss das unbedingt von mir persönlich gemacht werden? Wer sagt das? Wo steht das? Stimmt das wirklich? Oder kann es auch ganz anders sein?

Gib Aufgaben ab, die nicht von dir persönlich erledigt werden müssen. Schaffe dir ein Netzwerk an Unterstützern im privaten Bereich, frage um Hilfe. Buche sofern möglich Dienstleister – es muss ja nicht für immer sein, sondern nur, bis dein Kopf leerer geworden ist.

Schritt 4: Tue, was getan werden muss: Die Sache selbst erledigen und einen Haken machen. Die Sache streichen oder vertagen. Die Sache abgeben.

Schritt 5: Freue dich, dass dein Kopf leerer geworden ist.

Brainhack 30: Entsorge deine Sorgen

Was schätzt du: Wie viel Zeit verbringst du täglich mit hadern, grübeln, dir Sorgen machen? Besonders nachts erscheinen uns Probleme übermächtig. Ergebnis: Wir sind am nächsten Tag unausgeschlafen, haben schlechte Laune – und die Sorgenspirale dreht sich noch schneller nach unten.

Der Verstand sagt uns zwar, dass nichts Schlimmes passiert ist oder passieren wird. Aber wir empfinden es anders, weil Sorgen nicht über die Ratio kommen, sondern direkt aus unserem limbischen System und von der Amygdala. Deshalb helfen auch Ratschläge wie: »Jetzt stell dich mal nicht so an, du Schwarzmaler!« keinen Deut weiter.

Natürlich ist es bei belastenden Themen wichtig und sinnvoll, dass wir Ängste und Sorgen ernst nehmen. »Sorgen entsorgen« bedeutet nicht, die Augen zu verschließen und das Negative wegzudrücken. Denn schließlich müssen wir aktiv werden und handeln, um Konflikte zu lösen oder belastende Umstände abzuschaffen. Auch ist es ist normal, Fragen im Kopf durchzuspielen und lange und intensiv über etwas nachzudenken, sich ein Problem von mehreren Seiten anzuschauen und zu entscheiden, wie es weitergeht.

Wichtig ist allerdings, dass wir das Grübeln beschränken, denn zu viel nachdenken über Negatives verändert die Strukturen im Gehirn. Wer grübelt, spricht zu sich selbst und aktiviert die sogenannten »Konfliktzentren« in seinem Gehirn, während die Areale ruhen, die für Handlungsplanung zuständig sind. Das hat Simone Kühn herausgefunden, Wissenschaftlerin am Max-Planck-Institut für Bildungsforschung in Berlin[93]. Dumm nur, dass Alltagsgrübeln genauso viel Stress verursacht, wie die auslösende Situation selbst. Mit jedem Grübeln multiplizieren wir unsere Sorgen und unser Leiden, und werfen im Sinne der »Sunk costs« (Seite 154) der belastenden Situation noch mehr Aufmerksamkeit hinterher. Dieser Zustand »exzessiver Selbstaufmerksamkeit« hält unser Stresslevel auf konstantem Niveau, heizt die Produktion von Stresshormonen an – und macht das Hirn leer und den Kopf voll! Wir fokussieren nur noch auf Probleme, verändern damit unseren Wahrnehmungsfilter, und die Sorgen werden noch größer. Entsorge deine Sorgen. Mache deinen Kopf frei und schaffe damit eine prima Basis, um dich konzentriert um die anderen Themen in deinem Leben kümmern zu können.

Um schwarze Wolken über unserem Kopf zu vertreiben, hilft es als Sofortmaßnahme, sich zu bewegen. Geh in zügigem Schritt einmal um den Block oder hüpfe 30-mal auf der Stelle. Die Bewegung reduziert die körperlichen Stresssymptome, weil sie die Stresshormone abbaut und dein Gehirn glaubt, die Gründe für das Sorgenkarussell seien weg.[94]

Bewegung ist eine effektive Soforthilfe.

Rücke anschließend deine Sorgen in die Mitte der Bühne und richte den Spot darauf. Was hält deinen Kopf derzeit aktiv? Welche Sorgen hindern dich, abzuschalten oder erholsam zu schlafen? Vielleicht hast du bereits im Adlerflug (Seite 185) einige Sorgen und Nöte notiert. Dann weißt du schon, welche es sind.

Schritt 1: Nimm bitte einen Zettel, und schreib auf, was dich derzeit so belastet. Formuliere konkret und so genau wie möglich. »Geldsorgen« oder »Stress bei der Arbeit« ist zu allgemein – wer oder was *genau* ist dein Problem? Worin *genau* liegt der Zündstoff für deine innere Aufruhr? Was belastet dich *konkret* an der Situation?

Schritt 2: Nutze die Technik der Problemkaskade (Vorlage im Workbook), um dem Kernproblem auf die Spur zu kommen.

Schritt 3: Überleg dir dann, was ein erster kleiner Schritt wäre, um dieses Problem zu lösen oder zumindest ein bisschen weniger belastend für dich zu machen. Was kannst du tun? Was brauchst du noch, um diesen ersten Schritt zu gehen? Wer kann dich unterstützen?

Schritt 4: Setz dir einen Termin, wann du diesen Schritt gehen willst, und notier ihn. Lege jetzt den Problemzettel zur Seite und nimm ihn erst wieder zum vereinbarten Termin zur Hand.

Dem Kernproblem auf den Grund zu gehen und alles aufzuschreiben, hilft, die Dinge klarer zu sehen und die schwarzen Schatten aus dem Kopf zu vertreiben.

Sorgenzeiten und Sorgenecken einrichten

Beschränke deine Sorgenzeit und deine Sorgenplätze. In der kognitiven Psychotherapie hat sich dazu eine Methode etabliert, die sich »Sorgenstuhl« nennt: Reserviere dir am Tag 15 Minuten, in denen du in Ruhe über deine Sorgen nachdenken kannst. Verbring diese Zeit immer am selben Ort, beispielsweise auf einem bestimmten Stuhl (deswegen »Sorgenstuhl«) oder in einem bestimmten Raum. Stress dich also nicht damit, nicht mehr grübeln und dich sorgen zu dürfen, sondern verschieb es einfach auf später und auf einen festen Platz. Meist stellen wir zur vereinbarten Grübelzeit fest, dass sich unsere Sorgen in Luft aufgelöst haben.

Oder drehe das Prinzip um, und deklariere bestimmte Zeiten oder Orte zur sorgenfreien Zone. Wenn du beispielsweise deine Mittagspausen mit anderen Menschen verbringst, dann vereinbart, dass ihr nicht über Probleme sprecht.

Vergeben, um frei zu sein

Häufig verstricken wir uns in negative Gedanken, weil wir uns selbst oder anderen Menschen nicht verzeihen können, was passiert ist. Dann kann ein Vergebungsritual helfen, um die Sorgen aus dem Kopf zu bekommen. Vergebung bedeutet nicht, dass wir das verletzende Verhalten anderer Menschen nachträglich gutheißen oder dulden. Die Tat bleibt falsch, unfair, gemein oder wie auch immer wir sie empfunden haben. Es geht auch nicht darum, unsere eigenen Gefühle herunterzuspielen (»Sei nicht so streng mit dir, so schlimm war es nicht!«). Es geht darum, dass wir aktiv beschließen, dass die Tat unser Leben nicht mehr negativ beeinflussen wird – weil wir es so wollen. Wer vergibt, beendet die Macht anderer Menschen oder früherer Ereignisse auf sein eigenes Leben und stellt die Harmonie wieder her. Die Hawaiianer kennen das Vergebungsritual Ho'oponopono (Problemlösung durch Vergebung). In den USA ist diese Technik eine anerkannte Therapieform zur Konfliktlösung, und einige Länder nutzen Ho'oponopono sogar auf diplomatischer Ebene. Vergib dir selbst deine Fehler, und vergib anderen Menschen, die dir Unrecht getan haben. Eine Anleitung für das Vergebungsritual findest du im Deep-Dive-Bereich zum Buch.

Halte dir vor Augen: Viele Ängste sind nur eine Illusion. Sie existiert nicht, du hast sie erschaffen. »Das Einzige, was wir fürchten müssen, ist die Angst selbst«, sagte einst Franklin D. Roosevelt. Oder halt es wie Abraham Lincoln, der empfahl: »Halt dir jeden Tag 30 Minuten für deine Sorgen frei und in dieser Zeit mach ein Nickerchen.«

Brainhack 31: Treffe Entscheidungen

Du kannst schneller und besser entscheiden, wenn du dir Bauchentscheidungen einfacher machst oder deinem Verstand mehr Fakten lieferst.

Wenn du Entscheidungen immer wieder aufschiebst, dann lege zunächst fest, ob du kognitiv-rational vorgehen willst, oder intuitiv. Bei manchen Entscheidungen, wie dem Kauf eines neuen Handys oder der Buchung eines Urlaubs, sind klassische Entscheidungshilfen wie die Pro-Contra-Liste sehr nützlich. In anderen Fällen ist es zielführend, unser Bauchgefühl zu befragen: Was wollen wir tief im Inneren? Wie würden wir intuitiv entscheiden?

Im Laufe der Jahre habe ich viele verschiedene, auch kreativ-chaotische (= intuitive), Entscheidungsmethoden gesammelt. Wenn du dich zwischen zwei Alternativen entscheiden willst, ist meine Lieblingsmethode: das Werfen einer Münze. Wenn du das Ergebnis siehst und denkst »Oh nein!«, dann weißt du, was dir dein Unterbewusstsein sagen will: »Diese Alternative bitte nicht!« Wenn du hingegen denkst: »Ja, toll!«, dann weißt du auch, was du tief im Inneren wirklich willst. Du empfindest überhaupt keine Gefühle? Dann weißt du auch, dass dir im Grunde beide Alternativen gleich lieb oder aber gleichgültig sind – und dann ist es völlig egal, was du tust. Die Hauptsache ist dann, dass du überhaupt etwas tust.

Brainhack 32: Lass dich nicht stören und zelebriere Fokuszeiten

Halten wir fest: Störungen zu vermeiden und sich zeitweise für konzentriertes »Monotasking« abzuschotten ist eines der wertvollsten Geschenke, das wir uns in unserem hektischen Alltag machen können. Mit fokussiertem Tun sparen wir bares Geld, reduzieren Stress, Fehler und schlechte Laune.

Wie kannst du deine Konzentration erhöhen und zu Monotasking (zurück)finden? Folgende Impulse helfen dir, Störungen von innen und Unterbrechungen von außen in Schach zu halten.

Störungen von innen stoppen: Lege einfach dein Handy außer Sichtweite!

Im Kapitel zur Reizüberflutung haben wir begonnen, deine Smartphone-Konditionierung zu löschen. Hast du die Impulse bereits ausprobiert (siehe Brainhack 4, Seite 85)? Wenn nicht, dann fange damit an. Vielleicht kann dich die folgende Studie noch mehr dazu motivieren.

Wissenschaftler der Universität Texas haben herausgefunden, dass das reine »In der Nähe-Liegen« von Smartphones unsere Denk- und Konzentrationsfähigkeit beeinträchtig. Sogar, wenn Ton- und Vibrationssignale ausgeschaltet sind. Dazu bildeten die Wissenschaftler drei Versuchsgruppen und ließen die Probanden Tests durchführen, für die volle Konzentration erforderlich war. Die erste Gruppe wurde gebeten, das eigene Smartphone mit in den Raum zu bringen und es mit dem Display nach unten auf den Tisch neben sich zu legen. Die zweite Gruppe sollte ihre Smartphones mit in den Raum bringen, aber in ihren Taschen verstauen. Die dritte Gruppe sollte das Handy im Nebenraum lassen.

Ergebnis: Die Teilnehmer in der »Schreibtischgruppe« schnitten am schlechtesten ab. Sie hatten die niedrigste *verfügbare* kognitive Kapazität und Aufmerksamkeit im Arbeitsgedächtnis. Deutlich bessere Ergebnisse erzielten diejenigen, die ihr Smartphone in der Tasche ließen. Und nochmals bessere Leistungen zeigten diejenigen, deren Smartphone im Nebenraum lag, sie wiesen über 10 Prozent mehr verfügbare kognitive Kapazität auf.[95] In einer Vergleichsstudie der Universität Würzburg lag die Leistung sogar um 26 Prozent höher, wenn das Handy nicht im Raum war[96].

Fazit: Leg dein Handy immer mal wieder außer Sichtweite – deine Konzentration und Produktivität werden es dir danken.

Wir können auch viel tun, um die ständigen Unterbrechungen von außen zu reduzieren. Wichtig: Es geht nicht darum, dass wir gar nicht mehr gestört werden. Komplettes Abschotten wäre das komplette Gegenteil von »ständig Erreichbar«, es wäre unrealistisch. Es geht darum, dass du eine gesunde Balance zwischen »ansprechbar« und »konzentriert« findest, eine Balance, die dich maximal gut unterstützt, produktiv und gelassen zu arbeiten.

Störungen von außen reduzieren

Wenn du in ein Team eingebunden bist, dann besprecht gemeinsam, wie ihr ab sofort mit Unterbrechungen umgehen wollt.

In meinem Buch »Lass mal alles aus – Wie du wirklich abschalten lernst« gehe ich auf erfolgreiche Fokuszeiten ausführlich ein. Hier die wichtigsten Punkte zum direkten Umsetzen:

Fokuszeiten gemeinsam etablieren

- ◇ Besprecht, ob Fokuszeiten bei euch sinnvoll wären, und einigt euch auf eine »Experimentierphase«.
- ◇ Vereinbart, wer sich wann und für wie lange aus dem Tohuwabohu ausklinken darf.
- ◇ Beginnt mit wenigen und kurzen Fokuszeiten. Läuft das gut, dann baut es aus.
- ◇ Vereinbart, wer jeweils wen vertritt während der Nichterreichbarkeit. Idealerweise ist das jemand, der Anfragen auch gleich bearbeiten kann.
- ◇ Würden euch »offizielle Bürozeiten« guttun? Dann habt ihr davor und danach Ruhe für produktives Tun.
- ◇ Vereinbart in den Geschäftsräumen gut sichtbare optische Signale für eure Fokuszeit. In manchen Unternehmen sind das Kopfhörer, Schilder mit »Psssst« oder »Bitte nicht stören«, Ampeln oder Leuchtdioden oben auf dem Bildschirm.
- ◇ Vielleicht ist es bei euch möglich, sich physisch aus der Ansprechbarkeit zu bringen? Weil ihr leerstehende Büros oder Konferenzräume nutzen könnt?
- ◇ Überlege für dich persönlich, wann du jeweils störungsfrei arbeiten willst. Trage diese Zeitinseln als »Fokuszeit« in deinen Kalender ein. Hier schreibst du nicht auf, was du tun willst, sondern du blockst diese Zeiten für konzentriertes Arbeiten.
- ◇ Lege deine Fokusinseln auf einen guten Zeitpunkt, am besten nach deinem Biorhythmus auf dein persönliches

Leistungshoch morgens, nachmittags oder abends. Oder auf Zeiten, wo die Störwahrscheinlichkeit sowieso gering ist, weil die anderen in Meetings sind.

- ◇ Passe die Länge der Fokuszeiten an deine anstehenden Aufgaben an. Bei manchen Aufgaben bieten sich längere Zeitinseln an (Konzept erstellen, Präsentation erarbeiten, Strategien entwerfen), andere brauchen lediglich eine kurze intensive Phase. Wenn du Spaß daran hast, dann strukturiere diese Zeitspannen mit einem Wecker (siehe Pomodoro-Technik, Seite 129), oder gib dich einfach dem Flow des Tuns hin: Solange die Konzentration da ist, machst du weiter. Sobald du erste (!) Anzeichen von innerer Ablenkung spürst, machst du eine echte Pause.
- ◇ Achte auf deine innere Störanfälligkeit oder Aufschieberitis. Wenn du dich gern selbst störst oder weißt, dass du gern aufschiebst, dann können dich relativ kurze Zeitinseln besser ins Tun bringen und dich konzentrierter halten als die Planung langer konzentrierter Phasen.
- ◇ Stelle zu Beginn deiner Fokuszeit alle Störquellen aus. Leite (nach Rücksprache) dein Telefon auf jemand anderen um, oder lasse Anrufer auf die Mailbox sprechen. Schalte akustische und visuelle Benachrichtigungen zu eingehenden Nachrichten auf allen Geräten aus. Packe dein Handy komplett weg – außer Sichtweite. Mache deine Türe zu, oder wende euer vereinbartes »Bitte-nicht-stören«-Signal an.
- ◇ Teile den anderen mit (etwa durch ein Schild an der Tür), ab wann du wieder erreichbar bist. Das hilft bei deren Zeitplanung und vermeidet auch so manche aufschiebbare Störung, die ruhig noch fünf Minuten warten kann.

Rechne damit, dass andere Menschen dich trotzdem stören wollen. Gerade wenn du bislang immer ansprechbar warst, werden viele gnadenlos versuchen, zu dir durchzudringen.

Stärkt euch gegenseitig den Rücken, diese Fokusphasen einzuhalten. Auch wenn einige Kollegen (oder Vorgesetze) versuchen, das neue System zu unterwandern – bleibt dabei.

Lasst euch von echten Beispielen von echten Menschen in echten Unternehmen inspirieren, die Fokuszeiten mit Erfolg umgesetzt haben. So wie das Beispiel von Rheingans Digital Enabler. Im Oktober 2017 führte Lasse Rheingans in seiner Agentur offiziell die 25-Stunden-Woche ein. Bei gleichem Gehalt und gleichem Urlaubsanspruch arbeiten die 15 Mitarbeiter jetzt 5 statt 8 Stunden täglich. Doch diese 5 Stunden zwischen 8 und 13 Uhr sind sie voll konzentriert.

Smartphones bleiben aus – nicht per Dekret des Chefs, sondern weil die Mitarbeiter sensibilisiert sind, wie stark sie davon immer wieder abgelenkt werden. Zeit für den persönlichen Austausch gibt es beim gemeinsamen Mittagsessen, erzählte Lasse mir im Podcast-Interview, das du im geschützten Deep-Dive-Bereich findest. Fazit: Die Zufriedenheit der Mitarbeiter stieg enorm, und was als zeitlich begrenztes Experiment startete, läuft vorerst unbefristet weiter.

Brainhack 33: Gehe bewusst mit Zeitkonfetti und Fragmentierung um!

Nehmt euch die üblichen Arbeitsabläufe und Zeiten vor, wie ihr im Team arbeitet. Sind eure Tage stark fragmentiert durch Meetings? Bleiben zwischen Terminen immer nur ein paar Minuten, um an den Aufgaben zu arbeiten?

Wo würde es helfen, Termine zu bündeln? Auch wenn ich für Pufferzeiten zwischen (Online)-Meetings plädiere, um Raum für Pausen zu schaffen, so können Puffer auch kontraproduktiv sein. Zum einen schreien sie danach gefüllt zu werden, und schnell dauern 50-Minuten-Mettings dann doch wieder 63 Minuten. Zum anderen sind sie häufig auch zu kurz, um etwas Sinnvolles mit der Zeit anfangen zu können.

Schaut eure Kalender und Termine durch, und überlegt, wo eine engere Taktung an der einen Stelle deutlich mehr Zeit an einer anderen Stelle schaffen könnte. Schaut aber vor allem, welche Termine ihr komplett streichen könnt und damit die Fragmentierung beendet.

Das gilt auch für unseren privaten Alltag. Viele Eltern kutschieren ihren Nachwuchs ständig herum: von der Schule zum Schwimmen (60 Minuten), zum Geigenunterricht (30 Minuten), zum Kieferorthopäden (warten im Wartezimmer: 20 Minuten) und das Zeitkonfetti dazwischen lässt nicht wirklich Raum für sinnvolle Tätigkeiten. Schon aus diesem Grund sind elterliche Fahrgemeinschaften so wertvoll, weil sie die Fragmentierung beenden. Bist du nicht Chauffeur, hast du ganz viel Zeit am Stück.

Mache gern nochmals den Adlerflug (Seite 185), und achte speziell auf die Fragmentierung deiner Tage. Überlege, wie du sie reduzieren kannst. Ziele nicht auf eine hundertprozentige Lösung! In einem dynamischen Alltag bleibt es nicht aus, dass Tage zerfasern und fragmentiert werden.

Ein Hoch auf Zeitkonfetti und auf die Ein-Minuten-Produktivität

Nimm auch einmal eine andere Perspektive ein, und freue dich, dass es bei dir nie langweilig wird. Lerne eine neue »Ein-Minuten-Produktivität« lieben. Es hat nämlich auch viele Vorteile, wenn wir nur kleine Zeitkonfettis zur Verfügung haben. Wer wenig Zeit für eine Aufgabe hat (oder sich nimmt), …

- ◇ der hält seinen inneren Perfektionisten im Schach. (»Sorry, besser ging nicht, hatte nicht mehr Zeit!«)
- ◇ der nutzt den Gas-Effekt (Parkinsonsches Prinzip), nach dem Aufgaben so lange dauern, wie wir ihnen geben.
- ◇ besiegt Prokrastination (Aufschieberitis), weil das Schwierigste beim Anfangen immer das Anfangen ist. Wenn du dir vornimmst, nur zwei Minuten an dieser

Aufgabe zu arbeiten, dann ist ein Anfang gemacht. Beim nächsten Zeitkonfetti-Fensterchen machst du wieder einen Ministep, und auf diese Weise erledigst du viel von deiner langen Bank.

- der ist effektiver und konzentrierter. Das zeigen die beliebten »Stand-Up-Meetings«, bei denen sich das Team für wenige Minuten zusammenstellt, und jeder kurz und knackig einen Input gibt.
- der erlebt ganz oft am Tag eine Serotonin-Ausschüttung, weil »Häkchen machen« nachweislich glücklich macht!
- der bleibt körperlich in Form, weil 3-Minuten-Workouts auch schon einen deutlichen Unterschied machen zum Couch-Potatoe-Dasein.
- der kann Minipausen gezielt in die fragmentierten Tage einbauen und beispielsweise mit Minimeditationen oder einem kurzer Powernap für wertvolle Erholungsphasen sorgen.
- der kann in kleinen Schritten Gewohnheiten verändern und jeden Tag eine Kleinigkeit anders machen. Die Minischritte summieren sich zum durchschlagenden Erfolg.

Zeitkonfetti sinnvoll nutzen

Lege dir gern eine eigene To-do-Sammlung an mit Ideen, was du tun würdest, wenn du 3 Minuten, 10 Minuten, 15 Minuten ... Zeit hast. Denn häufig fällt uns genau in dem Moment, in dem uns ein Zeitkonfetti in den Schoß rieselt, nichts ein, was wir jetzt schnell erledigen könnten.

Nimm dir fest vor, jedes Zeitschnipsel in erster Linie zu nutzen, um Energie zu tanken – also für all die Ideen, die wir im Kapitel »Hirn leer« besprochen haben: durchatmen, Pause machen, in Ruhe essen, trinken und entspannen. Ich weiß, das ist unglaublich schwierig, wenn du doch noch so viel im Kopf hast, was du unbedingt erledigen solltet. Ich konnte das früher auch nicht: Da bin ich wie ein aufgescheuchtes Huhn herumgeflitzt, um so effizient und produktiv wie möglich zu sein. Interessanterweise habe ich später, nachdem ich mir mühevoll antrainiert hatte, Minipausen zu machen, deutlich mehr geschafft von dem, was wichtig war. Warum? Ich konnte im besser erholten Zustand besser priorisieren, besser mit Störungen umgehen und besser Grenzen setzen. Ergebnis: Die Lebensqualität und die Lebensfreude stiegen bei gleichem oder sogar besserem Output.

Schreibe dir mögliche Zeitkonfetti-Aktivitäten auf, und sammle sie an einem Ort, wo du schnell darauf Zugriff hast. Das kann ein Notizblatt in deinem Smartphone sein, oder auch ein Einweckglas auf dem Küchentresen, in dem du Minimoves sammelst, also kleine Aktivitäten, die dich ins Tun bringen – idealerweise solche, die dir Kraft schenken – oder eben auch Alltagspflichten, die gemacht werden müssen. Kommt ein Zeitschnipsel, dann greifst du in deine Sammlung, pickst dir einen Minimove raus, erledigst ihn und freust dich.

Minimoves zum Glück

Wenn wir Dinge zu Ende bringen – egal wie kurz die Bearbeitungszeit war –, schüttet unser Gehirn Glückshormone aus. Genauer gesagt: Wenn wir Herausforderungen meistern, hinterlässt das motivierende Spuren im Vorderhirn. Je größer unsere Begeisterung für das Erreichte ist, desto mehr Dopamin flutet durch die grauen Zellen – und das Gefühl, das dadurch ausgelöst wird, wollen wir immer wieder erleben. Das Erledigen von Miniaufgaben wird so zu einem Glücksschauer.

Cool-down: Vom großartigen Gefühl tiefer Versunkenheit

Wir sind am Ende unserer gemeinsamen Reise durch unseren Kopf und unser Hirn angekommen. Mache dir klar, dass deine Fähigkeit zur Konzentration und Versunkenheit vielleicht gerade nur ein wenig verschüttet war – aber immer noch in dir zu finden ist! Erinnerst du dich an Momente, in denen du völlig eingetaucht bist in dein Tun? Wo du voll und ganz aufgegangen bist im Moment? Wo dein Fokus wie ein eng eingestellter Bühnenscheinwerfer alles Unwichtige im Dunkeln ließ? Wo es sich nach dem prallen Leben anfühlte? Nach dem echten Leben, mit seiner ganzen Kraft und Wucht des Augenblicks? Drei Stunden im Konzert deiner Lieblingsband. Eine Stunde Aroma-Öl-Massage. Der lustige Spieleabend mit Freunden. Der Sonntagnachmittag mit dem spannenden Roman. Der Endspurt in deinem Projekt. Am Ende tauchst du auf aus diesen Momenten, kommst wieder im Alltag an und merkst: Die ganze Zeit hast du an nichts gedacht.

Du warst im Moment. Getragen von der Musik. Mitgerissen von der Stimmung. Eingehüllt in die Berührung. Getragen vom Spielefieber und dem gemeinsamen Lachen. Du warst gebannt von der Story oder deiner Arbeit. Und dann spürst du diesem großartigen Gefühl der tiefen Versunkenheit nach.

Als Kinder konnten die meisten von uns das super: Du hast selbstvergessen deine Legowelten gebaut, Bilder mit Wasserfarben gemalt, Barbie und Ken im Märchenschloss Abenteuer bestehen lassen oder bist wilde Rennen auf der Carrerabahn gefahren.

Dein Potential wieder ausgraben

Als Kind konntest du zwischen den verschiedenen Stadien der Konzentration und Aufmerksamkeit geschmeidig hin- und herwechseln. Das bedeutet für uns als Erwachsene: Auch wenn wir heute das Gefühl haben, dass unsere Aufmerksamkeit zerfasert ist, dass wir nur noch von einem Thema ins andere springen, dass wir nicht mehr konzentriert eine Sache zu Ende bringen können – wir alle konnten irgendwann in unserem Leben aufmerksam, konzentriert und versunken sein. Und alles, was wir schon mal konnten, das können wir reaktivieren.

Im Coaching gilt das Credo, dass die Lösung im Klienten liegt und wir mit geeigneten Methoden und Techniken das verschüttete Potential wieder ausgraben und einsetzbar machen können. Ein zweites Credo lautet, dass die Verantwortung beim Klienten liegt. Er oder sie steht als erwachsener Mensch dafür ein, die Umstände, die eigene Reaktion oder die innere Einstellung *selbst* so zu ändern, damit sich die Dinge in die gewünschte Richtung entwickeln können. Der Coach kann Sparringpartner sein, Goldgräber, aber die notwendigen Schritte gehen muss der Klient selbst. Oder sagen wir lieber »darf«, denn genau darin liegt die innere Freiheit, dass wir selbst Gestalter unseres eigenen Glücks sind.

Wir sind Gestalter, nicht Opfer

Wenn du bereits einige der Brainhacks in diesem Buch ausprobiert und in ihre Wirkung hineingespürt hast, dann hast du bereits (wieder) den Schritt zum aktiven Gestalter deines Lebens, zur selbstverantwortlichen Lebensgestalterin gemacht. Mache weiter, und freue dich über jeden kleinen Schritt, der dir hilft, den Kopf freizubekommen und bewusst das Leben zu spüren.

Die Betonung liegt auf *kleinen* Schritten. Denn manchmal wünschen sich Menschen, dass sie den absoluten, krass spürbaren Gamechanger finden, und erwarten, dass eine einzige Maßnahme ihr Leben auf magische Weise verändert: ein bisschen Feenstaub hier, ein bisschen Zauberstaub dort – und schon ist ihr Leben super!

Bitte hänge deine Messlatte an einen spürbaren Effekt nicht zu hoch. Achte lieber auf kleine, vielleicht sogar kaum wahrnehmbare Veränderungen in deinem Denken, deinem Fühlen, deinem Handeln. Stelle dir vor, dass der Flügelschlag eines Schmetterlings zunächst nicht spürbar ist, aber dennoch weitreichende Auswirkungen haben kann. Das gleiche gilt für das Finden von Fokus und Aufmerksamkeit, für das Gefühl, dass dein Kopf nicht mehr aus allen Nähten platzt, während in deinem Hirn die Sahara herrscht.

Wichtig ist es, dass wir selbst die Dinge in die Hand nehmen, uns über kleine Fortschritte freuen und selbst die Verantwortung übernehmen. Wichtig ist, dass wir eine Haltung von »Ich kann etwas bewirken« einnehmen und Verantwortung übernehmen, auch wenn wir nicht für alles verantwortlich sind: Ja, nicht du hast die unzähligen Chatkanäle eingerichtet – aber du kannst für dich die Verantwortung übernehmen, wie du ab sofort damit umgehst. Ja, nicht du hast die Algorithmen von Social Media entwickelt, aber du darfst aktiv entscheiden, wie stark du die Angebote nutzt, oder eben nicht.

In diesem Zusammenhang liebe ich die folgende Geschichte.

Die Tiere im Wald[97]

Im Wald herrscht große Unruhe. Die Tiere erzählen sich, dass der Bär eine Todesliste habe. Die Angst ist sehr groß, dass einer von ihnen auf der Liste stehen könnte.

Das älteste der Tiere, ein Hirsch, ist als Erster so mutig und geht zum Bären. Er fragt ihn: »Hallo Herr Bär, ich habe von deiner Todesliste gehört und wollte fragen, ob ich auch auf dieser stehe?« Der Bär nimmt seine Liste und schaut nach. Dann grummelt er: »Ja, du bist auch auf meiner Liste!« Der Hirsch rennt schreiend weg. Zwei Tage später wird er tot im Wald gefunden.

Die anderen Tiere bekommen immer größere Angst. Doch noch immer hoffen sie, das Gerücht der Todesliste sei nicht wirklich wahr. Das Wildschwein hat keine Lust mehr, in dieser Angst leben zu müssen. Es geht zum Bären und stellt ihm dieselbe Frage wie der Hirsch vorher. Der Bär erwidert: »Auch du stehst auf der Liste!« Zwei Tage später wird auch das Wildschwein tot aufgefunden.

Die Angst der Tiere ist jetzt unbeschreiblich groß. Keiner wagt es mehr, durch den Wald zu gehen. Alle verkriechen sich und harren der furchtbaren Dinge, die geschehen werden.

Nur der Hase macht sich auf den Weg und fragt den Bären: »Herr Bär, stehe ich auch auf deiner Todesliste?« »Ja«, antwortet der Bär kurz und knapp. »Kannst du mich dann bitte von deiner Liste streichen?«, fragt der Hase. »Natürlich, kein Problem«, sagt der Bär.

Nutze und erweitere deinen Einflussbereich

Es ist so wichtig, dass wir unseren Einflussbereich ausnutzen, dass wir unseren »Circle of Influence« nutzen und nach und nach auch erweitern, um wieder Konzentration und Leistungsfreude zu erleben. Dazu müssen wir nicht bierernst werden und nur noch erwachsen – sprich vernünftig – agieren. Nein. »Nur wer erwachsen wird und ein Kind bleibt, ist ein Mensch«, sagte einst der großartige Autor Erich Kästner.

Verändere deine Perspektive

Verändere bei der Gelegenheit auch gleich den Blickwinkel, mit dem du derzeit auf die Fülle deiner Verpflichtungen schaust, auf die Zerfaserung deiner Konzentration, auf die Fragmentierung deiner Zeit.

So viele Menschen klagen derzeit darüber, dass sie sich nicht mehr richtig konzentrieren können, dass sie ihre Aufmerksamkeit nicht mehr bündeln können. Und sie suchen nach Wegen, wie sie dieses »böse« Treiben bekämpfen können. Sie richten ihren Blick auf den schmerzhaften Umstand (»Ich kann nicht …!«) und definieren Weg-von-Ziele (»Ich will nicht mehr so unkonzentriert sein!«) oder leiten in diesem Zusammenhang ein fleischlos formuliertes Hin-zu-Ziel ab: »Ich will mich konzentrieren können!«. Dabei verlieren sie häufig aus dem Blick, dass sie sich sehr wohl bereits supergut fokussieren können – sie merken es nur nicht.

Das ist ähnlich, wie dem Ziel »Ich will glücklich sein!« hinterherzujagen. Seltsamerweise schuften viele Menschen, um »glücklich« zu leben – und sind bei so viel Anstrengung gar nicht glücklich. Sie mühen sich ständig in der »hedonistischen Tretmühle« ab, werden aber immer unzufriedener. Denn sie konzentrieren sich ständig auf das, was sie (noch) nicht haben, was ihnen fehlt und was sie ärgert.

Minuten der Versunkenheit sind realistisch – Stunden sind es nicht!

Verändere deine Perspektive, und richte deinen Blick bewusst darauf, wo, wann, mit wem du in den letzten Tagen Momente der Konzentration erlebt hast. Wann bist du versunken in dem, was du getan hast? Wann hast du keine Gedanken an andere Baustellen in deinem Leben verschwendet? Wann warst du für ein paar Minuten (!) im Hier und Jetzt? War es beim Kochen? War es beim Spazierengehen? War es im letzten Meeting, als du voll aufmerksam der Diskussion gefolgt bist? War es beim Schmusen mit deinen Lieben? Dann frage dich bitte: Was hatten diese Situationen gemein?

Ich traue mich zu wetten, dass es Minuten waren, in denen du etwas getan hast, was dir gefallen hat und was dich interessiert. Oder? Und es waren Minuten, in denen du grundsätzlich eher wach (und nicht erschöpft) warst.

Weißt du was? Das ist völlig normal! Es ist normal, dass wir fokussiert sind bei Themen, die uns *interessieren*, die uns Spaß machen, und es ist normal, dass unsere Aufmerksamkeit leidet, wenn wir uns mit uninteressantem Zeug herumplagen müssen. Und es ist normal, dass wir fokussiert sein können, wenn unser Gehirn *ausgeruht* ist, während es unglaublich schwer ist, das Hirn »anzuschalten«, wenn wir übermüdet, krank oder angeschlagen sind. All diese biologischen und neurologischen Gesetzmäßigkeiten kannst du nicht ignorieren, nur weil jemand (oder etwas in dir) sagt, du hättest ein Aufmerksamkeitsdefizit oder ein Konzentrationsproblem.

Achte gut auf dich und dein körperliches Wohlbefinden. Deinen Schlaf zu verbessern, Pausen zu machen, tagzuträumen, die Stille zu genießen – all das erhöht deine Basis-Aufmerksamkeit (Alertness). Vielleicht brauchst du erst mal eine schöne Tasse Kaffee, um deine nötige Wachheit zu bekommen, oder eine Joggingrunde, bevor du dich an den Schreibtisch setzt. Beobachte und probiere aus, was deine Basis-Aufmerksamkeit stärken kann, und tue das öfter.

Genieße auch immer wieder bewusst den Zustand der unfokussierten Aufmerksamkeit. Das kann dir nicht nur Kraft schenken (beispielsweise in einer Meditation), sondern kann dir auch helfen, indem du Szenen einfach nur auf dich wirken lässt und trainierst, Reize bewusst vorbeiziehen zu lassen. Du gehst in eine liebevolle und wertfreie Beobachterrolle, »ah interessant!«, und lässt den Gedanken, den Eindruck oder die innere Antreiberrolle ziehen. Du kannst also jederzeit entscheiden, in welche Richtung und in welche Tiefe du deine Aufmerksamkeit und damit auch deine Wahrnehmung lenken möchtest.

Und wenn es dabei auch das Stadium der Vigilanz (Seite 163) ist, weil du einem monotonen Vortrag, einem langweiligen Meeting oder einem uninspirierten Theaterstück folgen »musst« – auch wenn es sich nicht so anfühlt: Du bist aufmerksam. Vielleicht sollte man das mal Lehrern sagen, wenn sie dein Kind kritisieren, es sei nicht aufmerksam.. »Doch«, kann es dann sagen, »ich befinde im Aufmerksamkeitsstatus der Vigilanz!«.

Anmerkungen

Für alle Onlinequellen gilt: Datum des letzten Abrufs 10. Juni 2023.

1 vgl. Hari, Johann: Abgelenkt: Wie uns die Konzentration abhanden kam und wie wir sie zurückgewinnen, 1. Auflage, München: riva 2022, S 16.

2 Zitiert nach: Hank, Rainer: Es sind die Nerven! in FAZ vom 26.04.2014.

3 Illies, Florian: 1913: Der Sommer des Jahrhunderts, S. Fischer Verlag; Auflage: 5, 2014, S. 90 und S. 229.

4 vgl. Statista: Durchschnittliche Krankheitstage bis 2023. https://de.statista.com/statistik/daten/studie/5520/umfrage/durchschnittlicher-krankenstand-in-der-gkv-seit-1991.

5 vgl. aon gmbh – academy of neuroscience: Skript Fachmodul Bewusstsein und Aufmerksamkeit, 2016, S. 25ff.

6 Noe, Alva: Wir suchen an der falschen Stelle, in: Spektrum Edition 3, 1.23 Bewusstsein, S. 115.

7 vgl. Siegel, Daniel J.: Mindsight: Die neue Wissenschaft der persönlichen Transformation, Goldmann, 4. Auflage, München 2012.

8 Statista: Youtube: Hours of video uploaded every minute 2022, https://www.statista.com/statistics/259477/hours-of-video-uploaded-to-youtube-every-minute.

9 Statista: Medien: Tägliche Nutzungsdauer in Deutschland 2022, https://de.statista.com/statistik/daten/studie/165834/umfrage/taegliche-nutzungsdauer-von-medien-in-deutschland.

10 Statista: Social Media – Verweildauer nach Ländern weltweit 2021, https://de.statista.com/statistik/daten/studie/160137/umfrage/verweildauer-auf-social-networks-pro-tag-nach-laendern.

11 The Radicati Group, Inc.: Email Statistics Report, 2022–2026, https://www.radicati.com/?p=17936.

12 Neumann, Katharina: Push-Benachrichtigungen – Kennzahlen, Tipps & Trends, in: estrategy-magazin, 2016, https://www.estrategy-magazin.de/2016/push-benachrichtigungen-kennzahlen-tipps-trends.html.

13 Seelbach, Torsten, aon gmbh – academy of neuroscience: Vorlesung Grundlagen der Neurowissenschaften am 10.3.2023.

14 vgl. Kipp, Markus/Radlanski, Kalinka: Neuroanatomie: Nachschlagen, Lernen, Verstehen, 3., korrigierte Auflage, KVM 2022, S. 299 ff.

15 Nehls, Michael: Das erschöpfte Gehirn. Der Ursprung unserer mentalen Energie – und warum sie schwindet: Willenskraft, Kreativität und Fokus zurückgewinnen, Heyne, München 2022, S. 13.

16 Aron, Elaine: The highly sensitive person: how to thrive when the world overwhelms you, Thorsons, 25th anniversary edition, New York, NY 2020.

17 vgl. Roth, Gerhard/Heinz, Andreas/Walter, Henrik: Psychoneurowissenschaften, 1. Auflage, Springer 2020, S. 158ff.

18 vgl. ebd., S. 154.

19 vgl. ebd., S. 159.

20 vgl. Neyer, Franz J./Asendorpf, Jens: Psychologie der Persönlichkeit, 6., vollständig überarbeitete Auflage, Springer 2018, S. 177.

21 vgl. Busch, Volker, Kopf frei! Wie Sie Klarheit, Konzentration und Kreativität gewinnen, Droemer 2021, S. 97 ff.

22 vgl. Amen, Daniel: Happy brain – happy you. Wie Glück das Gehirn gesund hält und den Körper vor Krankheiten schützt. riva, 1. Auflage 2023.

23 vgl. Nussbaum, Cordula: About HBDI. https://kreative-chaoten.com/coaching/about-hbdi.

24 vgl. Wiseman, Richard: Machen, nicht denken!, Fischer Verlag 2013, S. 200 f.

25 Forstmeiner, Simon/Maercker, Andreas: Selbstkontrolle im höheren Erwachsenenalter: Eine deutsche Version des Delay Discounting Tests von Kirby, https://www.researchgate.net/publication/280667574_Selbstkontrolle_im_hoheren_Erwachsenenalter_Eine_deutsche_Version_des_Delay_Discounting_Tests_von_Kirby.

26 Münte, Thomas, aon gmbh – academy of neuroscience: Vorlesung Motivation und Entscheidung am 20.1.2023.

27 The Robot, Marvin: My smartphone, my friend. How smartphones became our friends. https://www.kaspersky.com/blog/digam-smartphones-friends/12910/, [13.04.2023. Video bei Minute 1:33].

28 Olds, James/Milner, Peter: Positive reinforcement produced by electrical stimulation of septal area and other regions of rat brain. In: Journal of Comparative and Physiological Psychology 47 (1954), S. 419–427.

29 Olds, James: Pleasure Centers in the Brain. In: Scientific American 195 (1956), S. 105–117.

30 Bromberg, Martin E. S./O. Hikosaka: Midbrain dopamine neurons signal preference for advance information about upcoming rewards. Neuron, 2099. 63(1): p 119–26.

31 Sandstrom, P. E.: An Optimal Foraging Approach to Information Seeking and Use. The Library Quarterly: Information, Community, Policy, 1994. 64(4): p. 414–449.

32 vgl. Gerbert, Franz et al.: Beherrschen Sie Ihr Smartphone, oder beherrscht Ihr Smartphone Sie? In: Focus Magazin 17/2016.

33 Die Schwenninger, Die Gesundarbeiter: Zukunft Gesundheit 2018 – Jungen Bundesbürgern auf den Puls gefühlt, S. 30.

34 With, Aleksander: Tweet vom 11.2.2010, https://twitter.com/AleksanderWith/status/8964155188.

35 Botzenhardt, Tilmann: Einfach zu viel! Ein Psychiater gibt Rat, wie wir die Nachrichtenflut souveräner meistern, in: GEOplus, https://www.geo.de/wissen/gesundheit/die-nachrichtenflut-besser-meisten-30961018.html.

36 Wansink, Brian/Painter, James E./North, Jill: Bottomless bowls: why visual cues of portion size may influence intake. In: Obesity Research 13 (2005), S. 93–100.

37 Lee, Stephanie M.: Cornell just found Brian Wansink guilty of scientific misconduct and he has resigned. https://www.buzzfeednews.com/article/stephaniemlee/brian-wansink-retired-cornell.

38 Meshi, Dar/Morawetz, Carmen/Heekeren, Hauke: Nucleus accumbens response to gains in reputation for the self relative to gains for others predicts social media use. In: Frontiers in Human Neuroscience 7 (2013).

39 Gitnux Redaktion: Social-Media-Sucht-Statistiken in Zahlen & Fakten (2023). Gitnux Blog. https://blog.gitnux.com/de/social-media-sucht.

40 Branka: Social Media Addiction Statistics 2023. In: TrueList, https://truelist.co/blog/social-media-addiction-statistics.

41 Münte, Thomas, aon gmbh – academy of neuroscience: Vorlesung Motivation und Entscheidung am 20.1.2023.

42 Cameron, Sepah: Why the Media lies to you about dopamine fasting. https://www.linkedin.com/pulse/why-media-lies-you-dopamine-fasting-how-mocking-silicon-sepah.

43 Cameron, Sepah: The definitive guide to dopamine fasting 2.0 – The Hot Silicon Valley Trend https://www.linkedin.com/pulse/dopamine-fasting-new-silicon-valley-trend-dr-cameron-sepah.

44 Haase, Till: Verzichten auf alles, was Freude bringt. In: Deutschlandfunk Nova, https://www.deutschlandfunknova.de/beitrag/dopamin-fasten-verzicht-auf-alles-was-freude-bringt.

45 Wiseman, Richard: Machen – nicht denken! Die radikal einfache Idee, die Ihr Leben verändert, Fischer 7. Auflage 2015.

46 Zitiert nach Nussbaum, Cordula: Die Charlie-Brown-Übung: Der Stimmungswandler. In: GlüXX-Factory.de, https://www.gluexx-factory.de/charlie-brown-uebung.

47 vgl. Duhigg, Charles: Die Macht der Gewohnheit, Berlin Verlag. 3. Auflage 2013, S. 34ff.

48 WeAreTeachers Staff: Lawnmower parents are the new helicopter parents. https://www.weareteachers.com/lawnmower-parents.

49 Roth, Gerhard/Strüber, Nicole: Wie das Gehirn die Seele macht, Klett Cotta 4. Auflage 2021, S. 166.

50 Ferreri, Laura/Mas-Herrero, Ernest/Zatorre, Robert J. u. a.: Dopamine modulates the reward experiences elicited by music. In: Proceedings of the National Academy of Sciences 116 (2019), S. 3793–3798.

51 vgl. Stiwi, Katharina/Rosendahl, Jenny: Efficacy of laughter-inducing interventions in patients with somatic or mental health problems: A systematic review and meta-analysis of randomized-controlled trials. In: Complementary Therapies in Clinical Practice 47 (2022), 101552.

52 vgl. Nussbaum, Cordula: Resilienz stärken und der Welt kraftvoll begegnen. In: GlüXX-Factory.de, https://www.gluexx-factory.de/resilienz.

53 Ebd.

54 Chekroud, Sammi R./Gueorguieva, Ralitza/Zheutlin, Amanda B. u. a.: Association between physical exercise and mental health in 1.2 million individuals in the USA between 2011 and 2015: a cross-sectional study. In: The Lancet Psychiatry 5 (2018), S. 739–746.

55 Voss, Michelle/Prakash, Ruchika/Erickson, Kirk u. a.: Plasticity of brain networks in a randomized intervention trial of exercise training in older adults. In: Frontiers in Aging Neuroscience 2 (2010).

56 Pang, Alex Soojung-Kim: Pause. Tue weniger, erreiche mehr, Arkana 2017, Kindle Ausgabe.

57 vgl. Nussbaum, Cordula: Pomodoro-Technik: Effektives Arbeiten mit Tomaten. In: GlüXX-Factory.de, https://www.gluexx-factory.de/pomodoro-technik-effektives-arbeiten-mit-tomaten.

58 Hayashi, Mitsuo/Masuda, Akiko/Hori, Tadao: The alerting effects of caffeine, bright light and face washing after a short daytime nap. In: Clinical Neurophysiology 114 (2003), S. 2268–2278.

59 vgl. McElroy, Todd/Dickinson, David L/Stroh, Nathan u. a.: The physical sacrifice of thinking: Investigating the relationship between thinking and physical activity in everyday life. In: Journal of Health Psychology 21 (2016), S. 1750–1757.

60 vgl. Kessler, David A.: Das Ende des großen Fressens, Goldmann 2011, S. 19.

61 vgl. Jacka, FN et. al.: A randomised controlled trial of dietary improvement for adults with major depression (the ›SMILES‹ trial). BMC Med. 2017 Jan 30;15(1):23. doi: 10.1186/s12916-017-0791-y. Erratum in: BMC Med. 2018 Dec 28;16(1):236. PMID: 28137247; PMCID: PMC5282719.

62 Aden, Ana: Cognitive performance and dehydration, 2012 Apr;31(2):71-8. doi: 10.1080/07315724.2012.10720011.

63 BaylorUMedia/Goodrich, Terry: Can writing your to-do's help you to doze? Baylor study suggests jotting down tasks can speed the trip to dreamland, https://news.web.baylor.edu/news/story/2018/can-writing-your-dos-help-you-doze-baylor-study-suggests-jotting-down-tasks-can.

64 Rothkranz, P./Elele K.: Fünf Tipps für die Nacht, in: Live nach neun, ARD, Sendung vom 24. April 2023. Beitrag ab Minute 14:45.

65 Wissenschaft.de: Wie Sie Ihr Unbewusstes nutzen. https://www.wissenschaft.de/gesellschaft-psychologie/wie-sie-ihr-unbewusstes-nutzen.

66 Wicht, Helmut: Der Thalamus dorsalis. https://www.dasgehirn.info/grundlagen/anatomie/der-thalamus-dorsalis.

67 vgl. Kipp/Radlanski: Neuroanatomie 2022 (vgl. Fn. 16), S. 362.

68 Kumar, Vinod Jangir/Beckmann, Christian F./Scheffler, Klaus u. a.: Relay and higher-order thalamic nuclei show an intertwined functional association with cortical-networks. In: Communications Biology 5 (2022), S. 1–17.

69 Böhme, Rebecca: Mind Your Glücksschwein: Mit der Kraft positiver Erwartungen das Leben verändern. C. H. Beck, 2022, S. 24f.

70 Übersetzt und nacherzählt nach Clemmer, Jim: Growing the distance. Timeless principles für personal, career and family success, Stoddard Pub 1999, S. 24.

71 TÜV Nord Group: Warum sich gerade schlechte Autofahrer für die besten halten. https://www.tuev-nord-group.com/de/newsroom/news/details/article/warum-sich-gerade-schlechte-autofahrer-fuer-die-besten-halten.

72 Newberg, Andrew/Waldmann, Mark Robert: Die Kraft der Mitfühlenden Kommunikation. Wie Worte unser Leben ändern können, Kailash 2013, S. 35.

73 Miller, G. A.: The magical number seven, plus or minus two: Some limits on our capacity for processing information. In: Psychological Review, 63(2), S. 81–97.

74 Fabritius, Friederike: Flow@Work: Gehirngerecht führen – die besten Leute gewinnen und halten, Campus Verlag 2022. Ebook-Ausgabe.

75 Eckert, Till: Psychologie: Was Tagträume in uns bewirken können. https://www.zeit.de/zett/2016-08/was-tagtraeume-in-uns-bewirken-koennen.

76 vgl. Asendorpf, Jens/Neyer, Franz J.: Psychologie der Persönlichkeit, 6., vollständig überarbeitete Auflage, Springer 2018, S. 107 ff.

77 vgl. Kulke, Ulli: Unterbrechung – in den Klauen der Zeitfresser. In: *Die Welt* vom 13.12.2006.

78 vgl. Starker, Vera et.al.: Kosten von Arbeitsunterbrechungen für deutsche Unternehmen. Auswirkungen von Fragmentierung auf Produktivität und Stressentwicklung, S. 1ff. Und: Bundesanstalt für Arbeit: Bitte nicht stören! Tipps zum Umgang mit Arbeitsunterbrechungen und Multitasking, S. 5.

79 Tauber, Andre: Neue Kommunikation: Deutsche Firmen entdecken Alternative zur E-Mail. In: Die Welt, https://www.welt.de/wirtschaft/webwelt/article112426342/Deutsche-Firmen-entdecken-Alternative-zur-E-Mail.html.

80 vgl. Gerbert, Franz et al.: Beherrschen Sie Ihr Smartphone, oder beherrscht Ihr Smartphone Sie? In: Focus Magazin 17/2016, S. 82.

81 vgl. Brueck, Hilary: Grafik zeigt, was euer Smartphone wirklich mit eurem Gehirn macht. In: Business Insider. https://www.businessinsider.de/wissenschaft/das-stellt-euer-smartphone-mit-eurem-gehirn-an-2018-3.

82 Pattison, Kermit: Worker, Interrupted: The Cost of Task Switching. https://www.fastcompany.com/944128/worker-interrupted-cost-task-switching.

83 vgl. Mark, Gloria/Gudith, Daniela/Klocke, Ulrich: The cost of interrupted work: more speed and stress, Florence Italy 2008.

84 vgl. Gonzalez, Victor M.: No Task Left Behind? Examining the Nature of Fragmented Work, 2005.

85 Syrek, Christine J./Weigelt, Oliver/Peifer, Corinna et al.: Zeigarnik's sleepless nights: How unfinished tasks at the end of the week impair employee sleep on the weekend through rumination. In: Journal of Occupational Health Psychology. 2017; Vol. 22, No. 2. pp. 225–238.

86 Syrek, Christine: In: Warken-Dieke, Margit: Professorin forscht zu unerledigten Aufgaben vor Festtagen. General-Anzeiger Bonn, https://ga.de/news/wissen-und-bildung/regional/forschung-zur-wirkung-unerledigter-aufgaben_aid-47854169.

87 Gonneaud, Julie/Rauchs, Géraldine/Groussard, Mathilde u. a.: How do we process event-based and time-based intentions in the brain? An fMRI study of prospective memory in healthy individuals. In: Human Brain Mapping 35 (2013), S. 3066–3082. Und Burgess, Paul W./Gonen-Yaacovi, Gil/Volle, Emmanuelle: Functional neuroimaging studies of prospective memory: What have we learnt so far? In: Neuropsychologia 49 (2011), S. 2246–2257.

88 vgl. Iyengar, Sheena: The Art of Choosing. The decisions we make everyday – what they say about us and how we can improve them, Little Brown Book Group 2010, S. 184ff.

89 vgl. Höfinghoff, Tim: Das Ohr isst mit. In: Der Spiegel, S. 88.

90 Nacherzählt nach Nussbaum, Cordula: Bunte Vögel fliegen höher: Die Karriere-Geheimnisse der kreativen Chaoten, Campus Verlag, S. 164.

91 Schmicker, Marlen et. al.: Attentional filter training but not memory training improves decision-making. In: Frontiers in Human Neuroscience 11 (2017).

92 Schmicker, Marlen/Müller, Notger: Kognitives Training: Verbesserte Gedächtnisleistung durch Aufmerksamkeitstraining, in: neuro aktuell 259, S. 19 – 22.

93 vgl. Kühn, Simone: Was passiert beim Grübeln im Gehirn? In: dasGehirn.info. https://www.dasgehirn.info/aktuell/frage-an-das-gehirn/was-passiert-beim-gruebeln-im-gehirn.

94 vgl. Anderson, Elisabeth: Effects of exercise and physical activity on anxiety, in: Frontiers in Psychiatry, 23. April 2013.

95 vgl. Ward, Adrian F. et. al.: Brain drain: The mere presence of one's own smartphone reduces available cognitive capacity. In: Journal of the Association for Consumer Research 2 (2017), S. 140–154.

96 The Robot, Marvin: My smartphone, my friend. How smartphones became our friends. https://www.kaspersky.com/blog/digam-smartphones-friends/12910/, [13.04.2023. Video bei Minute 1:15].

97 Zitiert nach: Nussbaum, Cordula: LMAA 66 Mini-Plädoyers für mehr Mut, Leichtigkeit und Gelassenheit, Gabal 2018, S. 17.

Bücher und Links, die weiterhelfen

Weitere Bücher der Autorin (Auswahl)

18 kreativ-chaotische Methoden für schnellere und bessere Entscheidungen, Campus für Kreative Chaoten, 4. Auflage 2022.

111 Lifehacks – Die besten und einfachsten Ideen, mit denen Du mehr Zeit fürs Leben gewinnst, Campus für Kreative Chaoten, 2. Auflage 2022.

Bunte Vögel fliegen höher. Die Karrieregeheimnisse der Kreativen Chaoten, Campus 2011.

Geht ja doch! Wie Sie mit 5 Fragen Ihr Leben verändern, Gabal 2015.

Lass mal alles aus – Wie Du wirklich abschalten lernst, Gabal 2019.

LMAA – 66 Miniplädoyers für mehr Mut, Leichtigkeit und Gelassenheit, Gabal 2019.

Organisieren Sie noch oder leben Sie schon? Zeitmanagement für Kreative Chaoten, Campus 2017.

Zeitmanagement. Mein Übungsbuch, Gräfe und Unzer 2015.

Online-Trainings

(alle Infos unter https://kreative-chaoten.com/online-kurse/):

Mehr Zeit für mich – der Zeitmanagementkurs

Wellness für die Seele – Die 30-Tage-Happiness-Challenge

Innere Saboteure zu Freunden machen

BLOG & Podcast der Autorin: www.Gluexx-Factory.de

Empfehlungen zu anderen Autoren

Amen, Daniel: Happy brain – happy you. Wie Glück das Gehirn gesund hält und den Körper vor Krankheiten schützt, 1. Auflage, riva 2023.

Busch, Volker: Kopf frei! Wie Sie Klarheit, Konzentration und Kreativität gewinnen, Droemer 2021.

Esch, Tobias: Die Neurobiologie des Glücks. Wie die positive Psychologie die Medizin verändert, Thieme, 3. Auflage 2017.

Nehls, Michael: Das erschöpfte Gehirn. Der Ursprung unserer mentalen Energie – und warum sie schwindet, Heyne, 6. Auflage 2022.

Newport, Cal: Konzentriert arbeiten. Regeln für eine Welt voller Ablenkungen, Redline, 1. Auflage 2017.

William, Anthony: Heile dein Gehirn. Das Basisbuch, Arkana, 1. Auflage 2023.

Register

LIEBE LESERINNEN UND LESER,

wir wollen Ihnen mit diesem Buch Informationen und Anregungen geben, um Ihnen das Leben zu erleichtern oder Sie zu inspirieren, Neues auszuprobieren. Wir achten bei der Erstellung unserer Bücher auf Aktualität und stellen höchste Ansprüche an Inhalt und Gestaltung. Alle Anleitungen und Rezepte werden von unseren Autoren, jeweils Experten auf ihren Gebieten, gewissenhaft erstellt und von unseren Redakteur*innen mit größter Sorgfalt ausgewählt und geprüft.

Haben wir Ihre Erwartungen erfüllt? Sind Sie mit diesem Buch und seinen Inhalten zufrieden? Wir freuen uns auf Ihre Rückmeldung. Und wir freuen uns, wenn Sie diesen Titel weiterempfehlen, in Ihrem Freundeskreis oder bei Ihrem Online-Kauf.

Sollten wir Ihre Erwartungen so gar nicht erfüllt haben, tauschen wir Ihnen Ihr Buch jederzeit gegen ein gleichwertiges zum gleichen oder ähnlichen Thema um.

KONTAKT ZUM LESERSERVICE

GRÄFE UND UNZER VERLAG
Grillparzerstraße 12
81675 München
www.gu.de

IMPRESSUM

Postfach 860366,
81630 München

GU ist eine eingetragene Marke der GRÄFE UND UNZER VERLAG GmbH, www.gu.de

ISBN 978-3-8338-9007-9
6. Auflage 2025

Projektleitung: Nikola Teusianu
Lektorat: Ulrike Schöber
Umschlaggestaltung und Layout: ki 36 Editorial Design, Petra Schmidt
Herstellung: Markus Plötz
Satz: Uhl + Massopust, Aalen
Reproduktion: LUDWIG:media, Zell am See
Druck und Bindung: Livonia, Riga

Umwelthinweis

Nachhaltigkeit ist uns sehr wichtig. Der Rohstoff Papier ist in der Buchproduktion hierfür von entscheidender Bedeutung. Daher ist dieses Buch auf PEFC-zertifiziertem Papier gedruckt. PEFC garantiert, dass ökologische, soziale und ökonomische Aspekte in der Verarbeitungskette unabhängig überwacht werden und lückenlos nachvollziehbar sind.

Bildnachweis

Cover: iStock (Composing)
Autorinnenfoto: Jan Roeder
Innenteil: S. 44: Shutterstock.
Restliche Illustrationen: Claudia Klein

Syndication: www.seasons.agency

Wichtiger Hinweis

Die Gedanken, Methoden und Anregungen in diesem Buch stellen die Meinung bzw. Erfahrung der Verfasserin dar. Sie wurden von der Autorin nach bestem Wissen erstellt und mit größtmöglicher Sorgfalt geprüft. Sie bieten jedoch keinen Ersatz für persönlichen kompetenten medizinischen Rat. Jede Leserin, jeder Leser ist für das eigene Tun und Lassen auch weiterhin selbst verantwortlich. Weder Autorin noch Verlag können für eventuelle Nachteile oder Schäden, die aus den im Buch gegebenen praktischen Hinweisen resultieren, eine Haftung übernehmen.